SAGGI DI «LETTERE ITALIANE»
XLVI

STEFANO PRANDI

IL «DILETTO LEGNO» ARIDITÀ E FIORITURA MISTICA NELLA *COMMEDIA*

FIRENZE
LEO S. OLSCHKI EDITORE
MCMXCIV

Volume pubblicato col contributo del CNR

ISBN 88 222 4174 6

A mia moglie

Come piante novelle
rinnovellate di novella fronda

INTRODUZIONE

Un grande esegeta dantesco, Mario Casella[1], sottolineando l'insufficienza del «gusto estetico» nel quadro di una soddisfacente interpretazione della *Commedia*, proponeva di considerare i dati della cultura medievale in rapporto al poema come «schema dinamico»[2] del pensiero dantesco: «l'errore più grande che si possa commettere (...) nell'interpretare gli scrittori medievali – affermava – (...) è quello di considerare il lavoro della creazione fantastica come libero gioco, senza una giustificazione metafisica».[3] Veniva così ideato il concetto operativo di «realismo trascendentale»,[4] in cui si conciliavano sia la straordinaria potenzialità espressiva del linguaggio dantesco, sia la sua carica analogica.

Nello stesso giro d'anni, Giovanni Getto rifiutava ogni contrapposizione in seno alla *Commedia* tra immediatezza del dato mistico ed astrattezza del dato teologico, parlando di un «mistici-

---

[1] M. Casella, che succedette a Pio Rajna nella cattedra di Lingue e letterature neolatine di Firenze, diresse gli «Studi danteschi» dal 1949 al 1956, anno della morte; un elenco dei suoi scritti si trova appunto in «Studi danteschi», XXXIII, (1956), fasc.2, pp. 43-60. Tra gli esempi più efficaci del suo metodo critico ricordo *Interpretazioni I: la figura simbolica di Catone*, in «Studi danteschi», XXVIII, (1949), pp. 183-193 e *Interpretazioni V: la figurazione dell'Aquila nel Paradiso*, in «Studi danteschi» XXXII, (1954), pp. 5-28.

[2] M. Casella, *Le guide di Dante nella Divina Commedia*, Firenze, Le Monnier, 1944 (pubblicato per la prima volta nel 1943 negli «Atti e memorie dell'Accademia fiorentina di scienze morali "La Colombaria"»), p. 4.

[3] *Ibid.*, p. 8n.

[4] *Ibid.*, p. 4.

smo teologico» dantesco come «vita della grazia» – [5] elemento dogmatico che ha la possibilità, a differenza d'altri, di «riflettersi in un insieme di reazioni psicologiche e sentimentali» – ;[6] di qui il carattere della visione religiosa dantesca, «razionale in apparenza, ma in realtà attivo e umanistico».[7] In una *lectura* del 1948 egli ribadiva con forza l'assioma di fondo di questa nuova ermeneutica:

> Tutto il *Paradiso* è nutrito di scolastica e di mistica, le quali non devono però considerarsi, come si è fatto, quasi due elementi e due tonalità inconciliabili. L'ordito scolastico, lungi dal contrastare con la trama mistica, è il presupposto e la condizione di essa, in armonia del resto ai dati della letteratura mistica, dove l'effusione sentimentale si stende su un sostrato raziocinativo.[8]

Scaturiva insomma dalla lezione dei due insigni studiosi, in virtù di un superamento delle tentazioni «frammentaristiche» insite nella lettura crociana,[9] l'esigenza di un approccio che fosse in grado di valutare la poesia della *Commedia* come il frutto di un'ispirazione unitaria. Va da sé che questa indicazione critica imponeva allo stesso tempo una sensibilità rinnovata nei confronti dell'impianto strutturale complessivo del poema, che assurgeva

---

[5] G. Getto, *Poesia e teologia nel Paradiso di Dante*, in *Aspetti della poesia di Dante*, Firenze, Sansoni, 1966 (ed. accresciuta, rispetto alla 1° del 1948, da sei *lecturae Dantis*), p. 220.

[6] *Ibid.*, p. 199.

[7] *Ibid.*, pp. 220-221.

[8] G. Getto, *Il canto ventinovesimo del Paradiso* (1948), in *Aspetti della poesia di Dante*, cit., p. 129. Dante cioè, in rapporto alla tradizione mistica, «si trovava (...) di fronte ad un linguaggio, meglio, ad una lingua, già costituita ad esprimere la realtà della vita dell'anima, la misteriosa esperienza dell'anima nella sua elevazione, la vita della grazia come gioia stupenda, preludio di una stagione gaudiosa e sacra»; egli si propone dunque come «il poeta di questa lingua, il musicale orchestratore di questo mondo di analogie» (*Poesia e teologia*, cit., p. 209).

[9] Si fa riferimento al celebre saggio crociano *La poesia di Dante*, Bari, Laterza, 1921.

a fattore dotato di autosignificazione. Non è un caso che proprio sulle orme di Casella – di cui peraltro seguì le lezioni – Singleton potè proporre il suo approccio interpretativo fondato sulla contestualizzazione di ogni singola tappa del viaggio dantesco. Esso presuppone un progetto totale di scrittura che, per proporsi come itinerario rappresentativo dell'insieme delle vicende umane, necessita di un disegno strutturale in cui motivazioni fisico-cosmologiche e teologico-liturgiche si trovino profondamente compenetrate. In tal modo, gli aspetti paradigmatici, i parallelismi generati dal testo, risultano non meno significativi dello sviluppo lineare della vicenda narrata: in altre parole, nel grande sistema simbolico della *Commedia*, la *dispositio* veniva ad assumere la carica poietica dell'*inventio*. Diretto corollario di questo stato di cose è che la posizione del pellegrino all'interno del proprio percorso venga considerata come un fattore che può influenzare in modo decisivo la sua capacità di valutazione e persino di movimento, portandolo pure, nel corso della prima cantica, a compiere errori di cui solo in seguito, retrospettivamente, potrà rendersi conto. È quanto riconoscono ora appieno i moderni interpreti: la Risset nota ad esempio che «la inimitabilità di Dante deriva dal fatto che ogni punto del suo testo, sempre e sistematicamente, suppone tutto l'insieme e rimanda agli altri punti dell'insieme»;[10] osservazione che trova un compimento ideale nel rilievo di Zumthor: «senza dubbio non vi è in tutto il medioevo europeo che la *Divina commedia* ad essere fondata sistematicamente (...) sulla coesistenza di sensi multipli».[11]

A questo punto sorge legittima una domanda, del resto ricorrente tra i dantisti: esiste nella *Commedia* una macrostruttura simbolica capace di comporre in sé la straordinaria complessità

---

[10] J. Risset, *Dante scrittore*, Milano, Mondadori, 1984 (1° ed. or. 1982), p. 50.

[11] P. Zumthor, *Semiologia e poetica medievale*, Milano, Feltrinelli, 1973 (1ª ed. or. 1972), p. 129.

contestuale, sintagmatica, del viaggio dantesco, e di rendere conto della pluralità dei suoi livelli di lettura? Questo saggio tenta di offrire una risposta plausibile all'arduo quesito, cimentandosi nell'analisi di un campo simbolico che, sin dalla più remota antichità – come attestano gli storici delle religioni e del folklore – [12] rappresenta, all'interno dell'immaginario relativo al tema del viaggio, l'indispensabile elemento di mediazione tra il mondo ctonio e quello (o quelli) superiore: il motivo dell'albero. Le articolazioni visibili di esso all'interno della *Commedia* vanno dalla «selva» da cui prende inizio il cammino del *viator*, all'albero dell'Eden, a quello metaforico «che vive de la cima / e frutta sempre e mai non perde foglia» (*Par.* XVIII, 29-30) del regno celeste. Tuttavia, non appena si considera attentamente la geografia dantesca nei suoi punti-chiave, risulta evidente come tale simbologia sia necessaria, ma non sufficiente. Nell'asse disegnato dal percorso dantesco infatti emerge insistentemente un'ulteriore variabile simbolica, e cioè la croce: quella del Calvario, allineata con Lucifero e con l'albero dell'Eden e glorificata tra gli spiriti militanti del *Paradiso*. A questo proposito occorre allegare la testimonianza di un grande interprete del mondo dantesco, Hans Urs Von Balthasar:

> Il corteo trionfale di Cristo attraverso l'ottavo cielo è una scena fiacca. Il profilo di Cristo compare nel cielo di Marte tracciato sulla grande immagine vivente della croce composta dalle anime, ma è appunto un'immagine, dunque qualcosa a cui Dante non intende conferire neppure una presenza piena. La vera croce di Cristo è irreperibile nella *Commedia*. [13]

---

[12] V. J. Propp, *Le radici storiche dei racconti di magia*, Roma, Newton, 1992 (1° ed. or. 1946), pp. 332-333. Altri contributi saranno indicati più oltre, nel corso della trattazione del motivo dell'albero cosmologico.

[13] H. U. Von Balthasar, *Gloria*. vol. III: *Stili laicali*, Milano, Jaca Book, 1976 (1° ed. 1962), p. 72.

Mi auguro che questa ricerca dia una risposta soprattutto a quest'ultima affermazione; la «vera croce di Cristo» difatti non si presenta nella *Commedia* come motivo localizzato, ma, unitamente al simbolo dell'albero, sotto forma di *lignum crucis*, come dominante strutturale dell'intero itinerario, e i due fondamentali momenti-soglia dell'attraversamento di Lucifero e della fioritura dell'albero dell'Eden sono incomprensibili senza tener conto di una siffatta combinazione simbolica. Ancora Casella, seppure per via metaforica, aveva intuito l'importanza decisiva di tale componente simbolica:

> Il poema di Dante si organizza su se stesso per progressiva autogenesi dello stesso organismo spirituale. Attività che si edifica spontaneamente in lui, passando attraverso se stessa per mettersi in luce. Vita del suo spirito, che s'incorpora sempre più quanto più si fa e si trasfigura, mentre egli la oggettiva artisticamente, con assoluta libertà, mediante immagini sensibili dove essa traluce. È una trasfigurazione di cui non possiamo dare se non una pallida idea mediante l'immagine di un albero che si lancia sempre più in alto, verso la libertà e la luce, quanto più cresce e s'abbarbica al suolo e lancia le sue radici entro le oscure profondità della terra.
>
> Ora, nell'albero della vita spirituale – di cui la *Divina Commedia* è un'immagine per analogia – progredire significa discendere, cioè avvicinarsi al suo primo principio. Così appunto come accade in Dante, per amore di quella bellezza analogica dell'essere che per lui ha nome Beatrice. [14]

Getto peraltro, dopo avere precisato che non «una serie di analitici e minuti assaggi» danno accesso ad una piena comprensione del poema ma «un'esegesi (...) condotta in modo che acquistino rilievo quei vasti nuclei lirici e quei larghi incontri di motivi riassunti in tema dominante», [15] nel quadro di un recupero della

---

[14] M. Casella, *Le guide di Dante*, cit., pp. 35-36.

[15] G. Getto, *La poesia dell'intelligenza*, in *Aspetti della poesia di Dante*, cit., p. 149.

contestualità mistica delle immagini del *Paradiso* dantesco, può affermare che le stesse scenografie floreali e vegetali «sono costantemente avanzate con una precisa giustificazione teologica».[16]

I due saggi che compongono la presente ricerca tenteranno in definitiva di mostrare come la prospettiva cristologica introdotta dall'*arbor crucis*, imperniata su di una lettura delle tre cantiche in chiave battesimale, si connoti nei termini di un passaggio del pellegrino dall'aridità propria del mondo infernale (il peccato irredento), alla fioritura permessa dall'«acqua di vita» e realizzatasi nell'Eden, alla completa maturazione dei frutti spirituali del paradiso. Seguire tutti gli sviluppi della matrice simbolica dell'albero sarebbe stato impossibile: mi auguro in ogni modo che questo lavoro arrivi a costituire un contributo stimolante e un ulteriore invito alla lettura dell'alta, inesauribile poesia della *Commedia*.

---

[16] G. Getto, *Poesia e teologia*, cit., p. 208.

I

L'ALBERO DEL MALE: *Inferno XXXIV, 1-84*

> «Intus est adversarius, intus auctor erroris, (...) clausus in nobis metipsis».
>
> Girolamo, *Expos. in Ps.* 118, 4, 22

I.1. Coordinate del viaggio e simbologia pasquale

Il canto XXXIV dell'*Inferno* costituisce indubbiamente la tappa cruciale del processo di redenzione inscenato nella *Commedia*: a confermarlo, tra le altre cose, sono i tre «appelli» al lettore – unico caso riscontrabile nel testo – dei vv. 22-27, 32-33 e 91-93:

> Com'io divenni allor gelato e fioco,
> nol dimandar, lettor, ch'i non lo scrivo,
> però ch'ogne parlar sarebbe poco.
> Io non mori' e non rimasi vivo;
> pensa oggimai per te, s'hai fior d'ingegno,
> qual io divenni, d'uno e d'altro privo.
>
> vedi oggimai quant'esser dee quel tutto
> ch'a così fatta parte si confaccia
>
> e s'io divenni allora travagliato,
> la gente grossa il pensi, che non vede
> qual'è quel punto ch'io avea passato.

Il capovolgimento fisico di Dante e il suo passaggio all'emisfero australe – che rappresenta, secondo la cosmologia aristotelica e medievale, il «sopra» del mondo –[1] comporta dal punto di vista della storia della salvezza il passaggio attraverso le tenebre della morte, ovvero il riferimento alla Passione di Cristo, consumatasi a Gerusalemme, *umbilicus mundi*: morendo sulla croce, il Salvatore ha permesso infatti il riscatto del peccato originale. A tale mistero allude la «morte al peccato» di Dante, che si compie secondo una tipologia battesimale deformata,[2] ed è, come la critica più recente ha ormai concordemente rilevato, saldamente incernierata all'interno della sequenza liturgica pasquale.[3] Già Ulrich Leo e Charles Singleton[4] avevano notato lo stretto rapporto stabilito dall'inno di Venanzio Fortunato, che costituisce l'incipit del canto, tra croce ed albero – del resto un luogo comune della cultura medievale – arrivando così a configurare in Lucifero un *anti-typus* di Cristo. Freccero poi, riprendendo con decisione il nesso simbolico, isolava come decisivi per l'episodio dantesco da un lato il commento di Ambrogio al *Vangelo di Luca* (17, 6), in cui Satana veniva identificato col gelso sradicato; dall'altro la tradizione esegetica che vedeva in Zaccheo, arrampicatosi su di un sicomoro per poter vedere Cristo (*Luca*, 19, 2), la figura tipica della conversione: gelso e sicomoro essendo poi accomunati sia dalla comune radice «moros» (cioè stolto, ma nel nel senso della paolina «stultitia crucis»), sia dalla somiglianza dei

---

[1] B. Nardi, *Il canto XXXIV dell'Inferno* (Lettura del 1 giugno 1952), in *«Lecturae» e altri studi danteschi*, Firenze, Le Lettere, 1990, pp. 81-89; J. Freccero, *Un pellegrinaggio a spirale* (1961) e *Inversione infernale e conversione cristiana* (1965), ora in *Dante. La poetica della conversione*, Bologna, Il Mulino, 1989 (1° ed. or. 1986), pp. 111-142 e 245-250; G. Stabile, *Cosmologia e teologia nella Commedia: la caduta di Lucifero e il rovesciamento del mondo*, in *Letture classensi*, 12, Ravenna, Longo, 1983, pp. 139-173.

[2] A.K. Cassell, *The Tomb, the Tower and the Pit: Dante's Satan*, «Italica», 56, 4 (1979), pp. 331-351, specialmente pp. 341 sgg.

[3] G. Stabile, *Cosmologia e teologia*, cit, p. 162.

[4] U. Leo, *Luzifer und Christus*, in AA.VV., *Benedetto croce*, a cura di F. Flora, Milano, Malfasi, 1953, pp. 419-434; C. Singleton, *La poesia della Divina Commedia*, Bologna, Il Mulino, 1978 (1° ed. 1957), pp. 54-67.

termini greci *sukaminos* – *sukomoros.*[5] Soprattutto importante dal punto di vista metodologico è l'affermazione di Freccero che la scelta del «simbolo tradizionale del blocco della ragione, la croce»,[6] sia giustificata dalla natura paradossale della conversione in se stessa: un paradosso, va aggiunto, che si ripropone nel rito battesimale, che comporta nello stesso tempo la morte (*homo vetus*) e la nascita (*homo novus*) dell'individuo. È mia intenzione tentare di approfondire ulteriormente il nodo simbolico albero-croce, mostrando come per suo tramite sia possibile ricostruire le principali determinazioni del Lucifero dantesco, anche attraverso una serie di prefigurazioni che ne giustificano la comparsa. Mi sia concesso di ricapitolare brevemente l'intelaiatura spazio-temporale del viaggio infernale, così da mostrare il ruolo centrale giocato in essa dall'albero della croce ancor prima dell'apparizione di Satana.

Un recente contributo di Paolo Pecoraro[7] sui riferimenti astronomici della *Commedia* ha negato, sulla base di *Purg.* II, 29-30, l'assunto tradizionale della posizione di Gerusalemme come antipode dell'Eden, sostenendo tale punto essere non il Sion ma il Sinai, il monte della Legge, e ponendolo per di più al tropico del Cancro, con l'Eden al tropico del Capricorno.[8] Lo studioso tuttavia, per ricondurre al Sinai i riferimenti di *Inf.* XXXIV, 112-115 e *Purg.* IV, 68-71, è costretto a seguire una trafila

---

[5] J. FRECCERO, *Il segno di Satana* (1965), in *Dante*, cit., pp. 227-244; cfr. M.P. MC HUGH, *Satan and S.Ambrose*, in «Classical Folia», XXVI, 1972, pp. 94-106.

[6] *Ibid.*, p. 229.

[7] P. PECORARO, *Le stelle di Dante. Saggio d'interpretazione di riferimenti astronomici e cosmografici della Divina Commedia*, Roma, Bulzoni, 1987, pp. 93 sgg.

[8] La posizione non è originale, in quanto sostenuta per la prima volta dal volume di R. BENINI, *Dante tra lo splendore dei suoi enigmi risolti*, Roma, Ed. dell'Ateneo, 1952; sulla figura di Benini cfr. C. BIANCHI, *Rodolfo Benini: un'interpretazione in chiave numerologica della «Divina Commedia»*, in AA.VV. *L'idea deforme. Interpretazioni esoteriche di Dante*, a cura di M.P. Pozzato, Milano, Bompiani, 1989, pp. 191-224.

esegetica piuttosto intricata. Per il passo del *Purgatorio* egli ricorre infatti a Paolo, *Galati*, 4, 22-31 ed *Ebrei*, 12, 18-24, in cui viene introdotta una equivalenza tra Gerusalemme terrestre e Sinai in contrapposizione alla Gerusalemme celeste. Il secondo riferimento presenta invece un problema di semantica interpretativa: le prime parole che Virgilio porge al disorientamento del pellegrino – un disorientamento spaziale, cioè dovuto alla visione di Lucifero capovolto, e temporale, in quanto l'inversione ha provocato una regressione di dodici ore – sono le seguenti:

E se' or sotto l'emisperio giunto
ch'è contraposto a quel che la gran secca
coverchia, e sotto 'l cui colmo consunto
fu l'uom che nacque e visse sanza pecca.

(*Inf.* XXXIV, 112-115)

Ora, Pecoraro intende «gran secca» come soggetto e «colmo» come il punto più alto delle terre emerse, e vede pertanto confermata la sua ipotesi del Sinai, molto più alto del monte Sion: verrebbe così privilegiato un significato metaforico, indiretto (Gesù, cioè sarebbe stato «vittima di quel legalismo nazionalista che esasperava la legge (...) sinaitica»)[9] sull'unico dotato di piena referenzialità, il Calvario, il quale peraltro sembra meglio conformarsi a quella sorta di *recapitulatio* temporale della vita di Cristo che accompagna il riferimento spaziale negli ultimi due versi («nacque»...«visse»...«consunto fu»). Gerusalemme rappresenta, in ogni caso – ed è un dato che sarebbe superficiale ignorare – per tradizione, l'«umbilicus terrae», secondo quanto affermato dalle Scritture, in particolare da *Ezechiele* 5, 5 e 38, 11-12:

Haec dicit Dominus Deus: ista est Hierusalem!
In medio gentium posui eamet in circuitu eius terras

---

[9] P. Pecoraro, *Le stelle di Dante*, cit., p. 187.

Et dices: ascendam ad terram absque muro veniam ad quiescentes habitantesque secure, omnes habitant sine muro vectes et portae non sunt eis, ut diripias spolia et invadas praedam, ut inferas manum tuam super eos qui deserti fuerant et postea restituti, et super populum qui est congregatus ex gentibus, qui possidere coepit et esse habitator umbilici terrae.

Questo centro ha pure un concreto punto di riferimento, l'emisfero marmoreo posto nella chiesa del Santo Sepolcro, guardato con venerazione dai viaggiatori medievali come Jacopo da Verona,[10] il quale però significativamente aggiunge: «sed quidam dicunt quod est mons Calvarie, videlicet illud foramen ubi posita fuit crux».[11] Comunque sia, il luogo, reale o simbolico, della crocefissione, Lucifero e l'Eden si trovano allineati sul medesimo asse, percorso da Dante nel suo cammino a spirale.[12]

Per quanto riguarda la caduta di Lucifero e la sua posizione centrale negli inferi le cose stanno in maniera un poco più complicata. Senza tener conto dei mutamenti di prospettiva avvenuti al livello della *Quaestio de aqua et terra* e nella stessa terza cantica,[13] si può accogliere l'osservazione di Mazzoni che

---

[10] Jacopo da Verona, *Liber peregrinationis*, ed. a cura di U. Monneret de Villard, Roma, Libr. dello Stato, 1950, p. 27.

[11] *Ibid.*, p. 31. Per altre attestazioni cfr. D.R. Howard, *Writers and Pilgrims. Medieval Pilgrimage, Narrative and their Posterity*, Univ. of California Press, Berkeley-London, 1980 e F. Cardini, *Gerusalemme d'oro, di rame, di luce. Pellegrini, crociati, sognatori d'Oriente fra XI e XV secolo*, Milano, Il Saggiatore, 1991.

[12] J. Freccero, *Un pellegrinaggio a spirale*, in *Dante*, cit.

[13] Cfr. le tesi contrapposte di B. Nardi, che giudica spuria la *Quaestio* (*La caduta di Lucifero e l'autenticità della «Quaestio de aqua et terra»* (1959), in «*Lecturae*», cit., pp. 227-265) e di F. Mazzoni, di cui ora si veda l'introduzione alla stessa nell'edizione delle *Opere minori*, II, Milano-Napoli, Ricciardi, 1979, pp. 693-743; cfr. infine G. Padoan, *Cause, struttura e significato del «De situ et forma aque et terre»* (1966), ora in *Il lungo cammino del «Poema sacro». Studi danteschi*, Firenze, Olschki, 1993, pp. 163-180 e S. Pasquazi, *Sulla cosmogonia di Dante (Inf. XXXIV e Quaestio de aqua et terra*, in *D'Egitto in Ierusalem. Studi danteschi*, Roma, Bulzoni, 1985, pp. 121-156.

«tutta dantesca» sia la connessione della caduta di Lucifero, così come è attestata nelle Scritture, al fenomeno dello spostamento delle terre emerse dall'emisfero australe a quello boreale;[14] gli interpreti poi sono oramai concordi nel ritenere *Isaia*, 14, 12-15, *Luca*, 10, 18 e *Apocalisse*, 9, 1-2 i passi biblici più significativi in rapporto all'opzione dantesca:

> Quomodo cecidisti de caelo, Lucifer, qui mane oriebaris? Corruisti in terram, qui vulnerabas gentes? Qui dicebas in corde tuo: in caelum conscendam, super astra Dei exaltabo solium meum, sedebo in monte testamenti, in lateribus aquilonis. Ascendam super altitudinem nubium, ero similis Altissimo. Verumtamen ad infernum detraheris, in profundum laci!

> Et ait illis:
> «Videbam Satanan sicut fulgur de caelo cadentem».

> Et quintus angelus tuba cecinit
> et vidi stellam de caelo cecidisse in terram
> et data est illi clavis putei abyssi;
> et aperuit puteum abyssi
> et ascendit fumus putei sicut fumus fornacis magnae,
> et obscuratus est sol et aer de fumo putei.

Quanto alla centralità di Satana, essa poteva essere giustificata da alcune interpretazioni delle Scritture, e si ritrovava pure nella letteratura del viaggio oltramondano, ad esempio la *Visio Tungdali*. Tertulliano per primo aveva identificato proprio con Satana il demone meridiano del *Salmo* 90, 6, ed una simile posizione zenitale rievocano *Geremia*, 15, 8 e *Siracide*, 34, 19:[15]

> Induxi eis super super matrem adulescentis vastatorem meridie.

---

[14] F. Mazzoni, *Introduzione*, cit., p. 726.

[15] R. Arbesmann O.S.A., *The «daemonium meridianum» and Greek and Latin Exegesis*, in «Traditio», XIV, 1958, pp. 17-31, in particolare pp. 25 sgg; cfr. inoltre R. Caillois, *I demoni meridiani*, Torino, Bollati Boringhieri, 1988 (1ª ed. 1937).

Oculi Domini super timentes eum protector potentiae firmamentum virtutis, tegimen ardoris et umbraculum meridiani.

Ma in realtà le motivazioni più forti della scelta dantesca vengono dalla confluenza di tematiche fisico-cosmologiche e teologiche: Lucifero non poteva che arrestarsi nel «punto / al qual si traggon d'ogne parte i pesi» (*Inf.* XXXIV, 110-111); unico «centro di gravità», esso è il luogo in assoluto più lontano da Dio e, neoplatonicamente, il più basso gradino nella scala dell'essere, involto nelle tenebre della *hyle*. Rispetto a tutta la tradizione visionaria medievale, il Lucifero dantesco ha dunque dalla sua una inedita «centralità funzionale», ricavata dalla contaminazione di tradizioni culturali «alte». Ugualmente frutto di una sintesi originale dantesca può considerarsi l'allineamento di Gerusalemme, di Lucifero e dell'Eden lungo un unico asse; in tal modo, faccio notare, Lucifero si trova come punto intermedio tra una croce (Calvario) e un albero (Paradiso Terrestre).

Accanto all'organizzazione spaziale del viaggio sta poi, non meno importante, quella temporale, che pone di necessità la spinosa questione della datazione del viaggio: Angelitti, termine di confronto di tutte le trattazioni successive, concludeva, contro la teoria tradizionale del suo inizio il Venerdì Santo 8 aprile 1300, la posizione degli astri essere quella corrispondente al 25 marzo 1301,[16] ovvero l'anniversario non liturgico della morte di Cristo. Camilli osservava però l'inconciliabilità di questo dato con taluni episodi infernali come la profezia di Ciacco di *Inf.* VI, 64-68 o il riferimento a Guido Cavalcanti (morto il 29 agosto 1300) di *Inf.* X, 110-111; lo studioso proponeva allora la possibilità che Dante potesse aver scambiato i dati astronomici del 25 marzo 1300, anno giubilare e anniversario della morte di Gesù

[16] F. ANGELITTI, *Sulla data del viaggio dantesco*, (Memoria letta all'Accademia Pontaniana, 11 aprile-6 giugno 1897), Napoli, Tip. della Regia Università, 1897.

nella fase di luna piena – come affermato da Malacoda in *Inf.* XXI, 112-114 – con quelli dello stesso giorno del 1301.[17] Nemmeno tale interpretazione, tuttavia, era esente da contraddizioni, del resto dichiarate dallo stesso autore del saggio.[18] Ultimamente, Pecoraro fa osservare l'improbabilità che Malacoda si riferisca ad una datazione fondata su base liturgica, e propone come sistema di riferimento cronologico il calendario lunisolare ebraico, che fa coincidere l'inizio di ogni mese con la luna nuova, e nel quale la Pasqua cade il 15 del mese di Nisan, dunque con luna piena. Allo stesso tempo, egli sostiene che l'indicazione del plenilunio come momento contemporaneo all'uscita dalla selva, indicazione offerta dalla meno infida voce di Virgilio (*Inf.* XX, 127-129 e *Purg.* XXIII, 118-121), porta necessariamente alla data di martedì 5 aprile 1300, definitivamente assunta come momento iniziale del viaggio e giorno in cui si conciliano le osservazioni di Malacoda e quelle virgiliane (anche se poi rimane ignoto se ai tempi di Dante al 15 Nisan corrispondesse effettivamente il 5 aprile).[19] Il percorso si concluderebbe, anzi, si protrarrebbe in un'eterna aurora il 10 aprile, data già raggiunta alla soglia dell'Eden, nel XXVII del *Purgatorio*. L'inconveniente più grave di una simile interpretazione, ritengo, è quella di opacizzare i principali riferimenti liturgici del viaggio dantesco, sulla cui importanza non mette neppur conto di discutere: il decisivo capovolgimento di Dante al centro della terra avviene la sera di un mercoledì 6 irrilevante dal punto di vista simbolico; il mezzogiorno del Venerdì Santo – il momento cioè che per Dante corrisponde alla morte di Cristo – è situato all'altezza poco significativa del XII canto del *Purgatorio*, mentre la Resurrezione coincide con un momento rilevante, ma non determinante come richiederebbe

---

[17] A. Camilli, *La cronologia del viaggio dantesco*, in «Studi danteschi», XXIX, 1950, pp. 61-84; per il supposto «espediente» dantesco vedi p. 68.
[18] *Ibid.*, p. 67, nota 2.
[19] P. Pecoraro, *Le stelle di Dante*, p. 55.

l'occasione: quello del passaggio del muro di fuoco prima dell'Eden.[20] L'osservazione di Pecoraro che l'arrivo nel Purgatorio non può coincidere con una Pasqua bensì piuttosto con una Quaresima[21] non tiene conto del fatto che il passaggio attraverso Lucifero che rende possibile la salvezza del pellegrino dal peccato, e dunque l'espiazione nel Purgatorio, si connota proprio attraverso una simbologia battesimale, seppur stravolta: una simbologia interna alla stessa liturgia del Sabato santo che, celebrando la sepoltura di Gesù, contempla sin dal medioevo lo spegnimento dei lumi e la benedizione dell'acqua battesimale. Un segnale importante in questo senso è la citazione del *Vexilla regis*, l'inno del Venerdì santo nella cerimonia dell'adorazione della croce che apre il canto di Lucifero: la morte al peccato del *viator* non può che rimandare al segno che è stato capace di annullare l'opera del Maligno. La datazione tradizionale, 8 aprile 1300, ha appunto il vantaggio di scandire il percorso dantesco molto più efficacemente in rapporto alla dimensione cristologica. In breve: giovedì il pellegrino trascorre la notte nella selva (*Inf.*, I, 3); venerdì mattina vede il colle (I, 16-18) ma poi precipita «in basso loco» a causa delle tre fiere: questo accade all'incirca a mezzogiorno poiché, subito dopo, appare Virgilio (I, 61-63).[22] Dante, come si sa, assecondando una tradizione largamente diffusa nel Medioevo, proprio a mezzogiorno del Venerdì santo poneva l'ora della morte di Cristo – seguendo il *Vangelo di Luca* (23, 44) –,[23]

---

[20] *Ibid.*, vedi la tabella D dell'appendice.

[21] *Ibid.*, p. 55.

[22] A. Camilli, *La cronologia del viaggio dantesco*, cit., pp. 73-74; A.A. Iannucci, *Dante e il Vangelo di Nicodemo: la «discesa di Beatrice agli inferi»*, in AA.VV., *Letture classensi*, Ravenna, Longo, 1983, pp. 39-60; vedi soprattutto le pp. 55-56 e n.

[23] Cfr. *Convivio*, IV, XXIII, 11. La stessa «centralità» simbolica acquisirà nella *Commedia* anche la figura della Vergine, «meridiana face di caritate» (*Par.* XXXIII, 10); cfr. N. Perella, *Midday in Italian Literature*, Princeton Univ. Press, Princeton, 1978.

anche perché ciò si accordava perfettamente con la trama di motivi simbolici legati alla tipologia del Cristo «sol iustitiae» (*Zaccaria*, 3, 8, *Malachia*, 3, 20, *Luca*, 1, 78) ed al suo carattere zenitale. È una presenza, questa, che accompagna il pellegrino per tutto il viaggio: dall'occasione mancata del prologo – la visione indiretta dei «raggi del pianeta / che mena dritto altrui per ogni calle» (*Inf.* I, 17-18) –; alla sua riconquista nell'Eden, come sottolineato dalle parole di Virgilio («Vedi lo sol che 'n fronte ti riluce» *Purg.* XXVII, 133); alla percezione della sua piena *virtus operativa* nel regno celeste, il «bel giardino / che sotto i raggi di Cristo s'infiora» (*Par.* XIII, 71-72). Il viaggio infernale iniziava dunque la sera del Venerdì, e si consumava nel periodo corrispondente alla morte ad alla sepoltura del Salvatore. Verso la sera del pomeriggio di sabato Dante giungeva in vista di Lucifero, e all'alba del giorno successivo giungeva nell'isola del purgatorio: dal momento che i Vangeli attestano concordemente che la tomba di Cristo fu trovata vuota già alle prime luci dell'alba, possiamo ipotizzare, in conclusione, che Dante abbia voluto far coincidere i due momenti chiave del proprio itinerario infernale, caduta e inversione, con i due eventi fondamentali della storia della Salvezza, la morte e la Resurrezione di Cristo. Per di più è possibile, come aveva notato già Edward Moore, che gli accenni alla luna piena di Virgilio si riferiscano non al dato astronomico (5 aprile), ma al calendario ecclesiastico, che per il 1300 prevedeva plenilunio appunto nella notte tra giovedì 7 e venerdì 8 aprile.[24] Certo, tale criterio introduce una certa dose di approssimazione, ma è stato più volte sottolineato come, in presenza di un forte movente simbolico, Dante non esiti a rinunciare alla quadratura dei suoi dati scientifici.

Il mezzogiorno, per Dante come per tutto il medioevo, non

---

[24] E. Moore, *The Date assumed by Dante for the Vision of the Divina Commedia*, in *Studies in Dante. Third Series: Miscellaneous Essays*, Clarendon Press, Oxford, 1968 (1° ed. 1903), pp. 167-168.

costituiva soltanto il momento del compimento della passione, ma anche quello del peccato di Adamo:

> Nel monte che si leva più da l'onda,
> fu' io, con vita pura e disonesta,
> da la prim'ora a quella che seconda,
> come 'l sol muta quadra, l'ora sesta.
>
> (*Par.*, XXVI, 139-142)

In tal modo, con la sovrapposizione spaziotemporale delle circostanze in cui avvennero peccato originale e morte di Cristo, l'uomo del medioevo rendeva trasparente il riscatto operato dal *novus Adam* paolino (1 *Corinzi*, 45-49): è una modalità che ritroviamo esemplarmente rappresentata nella *Legenda aurea* di Jacopo da Varazze, in cui è detto da un lato che «Adam factus fuit et peccavit in mense Martio, feria sexta et hora sexta et ideo Christus pati voluit in Martio, quia in die, qua fuit annuntiatus, fuit et passus. Item in feria sexta et hora sexta»; dall'altro che il primo uomo «ubi Christus passus est, Adam dicitur fuisse sepultus»:[25] in questo caso è la leggenda del legno della croce[26] a

---

[25] Jacopo da Varazze, *Legenda aurea*, che d'ora in avanti citerò nell'ed. a cura di Th. Graesse, O. Zeller, Osnabrück, 1965 (1ª ed. 1890); il riferimento di cui sopra è a p. 229 (LIII: *De passione Domini*). Sulla straordinaria fortuna dell'opera si veda ora AA.VV., *Legenda aurea. Sept siècles de diffusion* (Atti del Colloqui Internaz., Québec, 11-12 maggio 1983), a cura di B. Dunn-Lardeau, Bellarmin, Montreal, 1986 e AA.VV., *Jacopo da Varagine*. Atti del I° convegno di studi (Varazze, 13-14 aprile 1985), a cura di G. Farris e B.T. Delfino, Genova, S.M.A., 1987.

[26] Lo studio più puntuale relativo a questa tradizione rimane quello di A. Mussafia, *Sulla leggenda del legno della croce*, in «Sitzungberichte der philosophisch-historischen Classe der Kaiserlichen Akademie der Wissenschaften» (Wien), 63, 1869, pp. 165-216. Bisogna inoltre aggiungere che alcune tradizioni rafforzano il rapporto Adamo-Cristo sostenendo la coincidenza del luogo in cui fu plasmato il primo di essi con quello in cui nacque il secondo (cfr. ad esempio *Vita di Adamo ed Eva*, 57, in *Apocrifi del Nuovo Testamento*, a cura di L. Moraldi, Torino, U.T.E.T., 1975, p. 471).

fornire i termini della coincidenza spaziale. In ogni caso ciò che costituisce il movente teologico di una simile interpretazione è il tema patristico della *felix culpa*, intimamente legato al simbolismo della rinascita vegetale dell'albero della croce.[27] Il mezzogiorno, infine, è l'equivalente del «punto sommo» nell'arco della vita, la perfetta maturità durante la quale Dante intraprende il proprio viaggio: è il *Convivio* stesso (IV, XXIII, 9) a proporre questa analogia, all'interno del periodo della «gioventute», compreso tra i venticinque e i quarantacinque anni, che corrisponde alla fase oraria che va dall'ora sesta all'ora nona. La centralità temporale non è soltanto relativa al piano individuale, ma si riverbera anche a livello cosmologico: il viaggio è compiuto quando la storia planetaria ha raggiunto il punto mediano del Grande Anno, all'incirca un sesto del periodo corrispondente alla precessione degli equinozi, (*Convivio*, II, XIV, 11-13) ovvero seimilacinquecento anni. In *Par.* XXVI, 118-120 infatti Adamo afferma essere trascorsi 4302 anni dalla sua morte alla liberazione operata dalla discesa di Cristo agli inferi, mentre in *Purg.* XXXIII, 61-63 la durata dell'attesa della redenzione di Adamo, calcolata stavolta a partire dal peccato originale, è «cinquemila anni e più»: 5232, per la precisione, visto che novecentotrenta sono gli anni che Adamo passò sulla terra dopo la caduta (*Genesi*, 5, 5 e *Par.* XXVI, 122-123), avvenuta il primo giorno della sua creazione (*Par.* XXVI, 139-142). L'insieme di questi conteggi indica che dalla creazione del mondo al viaggio dantesco trascorrono appunto 5200 + 1300 = 6500 anni.[28] Si ripropone insomma per la dimensione temporale la stessa figura-chiave dell'organizzazione spaziale dell'*Inferno*: una circonferenza tagliata da un diametro-asse verticale; il rapporto di quest'immagine con l'esemplarità cristologica è confermato dal *Liber figurarum* di Gioac-

---

[27] Cfr. H. Weisinger, *Tragedy and the Paradox of the Fortunate Fall*, Michigan State College Univ. Press, East Lansing, 1953.

[28] P. Pecoraro, *Le stelle di Dante*, pp. 233 sgg.

chino da Fiore: al punto inferiore (la Gerusalemme della *Commedia*) corrisponde la Passione, a quello superiore (l'Eden dantesco) l'Ascensione.[29] La figura prevede anche un asse orizzontale che, ponendosi perpendicolarmente al primo, forma una croce; dal momento che la nascita di Gesù è collocata nel punto alla sinistra di chi guarda, il percorso della sua vita è disegnato da una traettoria di senso antiorario, così come antioraria, verso destra, è la direzione dell'itinerario dantesco dopo il superamento di Lucifero, a conferma dello sfondo cristologico entro cui il poeta colloca il proprio personaggio di *viator*. È la croce che, sin dalla prima età cristiana, forniva la matrice simbolica dell'evento salvifico rappresentato dal capovolgimento-conversione. Negli *Atti di Pietro*, l'apostolo, durante il martirio della crocefissione capovolta, pronuncia queste parole:

Dunque, il primo uomo, della cui stirpe io, precipitato rivolto con la testa in basso, porto l'immagine, manifestò una natura diversa da quella che aveva una volta (...). Egli aveva gettato a terra il suo stato primitivo e, così rovesciato, organizzò tutto l'ordine di questo mondo: sospeso secondo l'immagine della sua vocazione, fece vedere destra la sua sinistra e la sinistra destra; cambiò tutti i segni della sua natura tanto da considerare bello ciò che non lo è, e buono ciò che è cattivo.

A questo proposito, il Signore dice in un mistero: «Se della destra non fate sinistra e della sinistra destra, inferiore ciò che è superiore, e anteriore ciò che è posteriore, non comprenderete il regno».[30] Questo è

[29] Il merito di avere messo in relazione questa *figura* di Gioacchino al viaggio dantesco spetta a G. Stabile, *Cosmologia e teologia*, cit., p. 160.

[30] Un affermazione simile (ma certo non equivalente) la troviamo nel *Vangelo di Tommaso*, 22, quando Gesù risponde alla richiesta dei discepoli relativa al modo di entrare nel regno dei cieli imitando i bambini: «Allorché di due ne farete uno, allorché farete la parte interna come l'esterna, la parte esterna come l'interna e la parte superiore come l'inferiore (...), allora entrerete nel regno dei cieli» (*Apocrifi del Nuovo Testamento*, cit., p. 487); sull'opera in questione cfr. H.C. Puech, *Sur l'évangile selon Thomas. Esquisse d'une interprétation systématique*, vol. II di *En quête de la Gnose*, Paris, Gallimard, 1978.

il pensiero ch'io pongo davanti ai vostri occhi; e la figura che voi vedete contemplandomi sospeso, è l'immagine dell'uomo che nacque per primo.

Voi dunque, diletti miei (...) dovete abbandonare questo primitivo errore e rialzarvi. È giusto, infatti, salire sulla croce di Cristo che è l'unica e sola parola distesa, della quale lo Spirito dice: «Che cos'è Cristo, se non la parola, l'eco di Dio?» Sicché la parola è l'asse dritto della croce, quello al quale sono crocifisso; l'eco è l'asse trasversale, cioè la natura dell'uomo; il chiodo che unisce l'asse trasversale a quello dritto è la conversione e la penitenza dell'uomo. [31]

L'elemento «trasversale» genera dunque due piani, e non si passa dall'uno all'altro senza un capovolgimento, complementare alla «caduta» di Adamo.

Per la strutturazione stessa del viaggio dantesco dunque Lucifero si trova a rappresentare paradossalmente il centro del peccato ed il passaggio necessario alla redenzione: a questi due concetti corrispondono, sul piano mistico-teologico, i simboli dell'albero della conoscenza del bene e del male e della croce, che, come abbiamo ricordato, si trovano rispettivamente sotto le «zanche» di Satana e sopra le sue tre teste. La stessa logica di scansione delle tappe del viaggio fa coincidere il capovolgimento con la Risurrezione, rinviando ad un rito battesimale deformato: al posto dell'acqua, il ghiaccio, [32] il simbolo per eccellenza dell'Aquilo-Lucifero di *Isaia*, 14, 13-14 che, come recita un sermone di Antonio da Padova segnalato da Pézard [33] «malitiae frigore restringit aquas compunctionis in corde peccatoris». In questo senso è stato notato il parallelismo tra la posizione di Lucifero, caduto a testa in giù dal regno celeste, e quella dei simoniaci e del

---

[31] *Atti di Pietro*, 38, in *Apocrifi del Nuovo Testamento*, cit., pp. 1025-1026; il testo greco e latino (che non ho riportato perché lacunoso) nell'ed. *Acta apostolorum apocrypha*, a cura di C. Tischendorf-R.A. Lipsius-M. Bonnet, Georg Olms, Hildesheim, 1959-'60 (1ª ed. or. 1891-1903), I, 95-96.

[32] A.K. Cassell, *The Tomb, the Tower and the Pit*, cit., p. 341.

[33] A. Pézard, *Le dernier chant de l'Enfer*, in *Letture dell'Inferno*, a cura di V. Vettori, Milano, Marzorati, 1963, pp. 403.

loro capostipite Simon Mago, precipitato da Pietro mentre era in volo,[34] così pure come l'utilizzazione in entrambi gli episodi del termine «zanche» (*Inf.* XXXIV, 75 e *Inf.* XIX, 45); è tuttavia sfuggito ai commentatori, per quanto ne so, un particolare di fondamentale importanza in questo sistema analogico: le buche nelle quali stanno confitti i peccatori vengono infatti paragonate esplicitamente ai fonti battesimali di S.Giovanni in Firenze:

> Io vidi per le coste e per lo fondo
> piena la pietra livida di fori,
> d'un largo tutti e ciascun era tondo.
> Non mi parean men ampi né maggiori
> che que' che son nel mio bel San Giovanni,
> fatti per loco d'i battezzatori
>
> (*Inf.* XIX, 13-18).[35]

D'altra parte Dante, in questo senso, non faceva che tener conto di una tradizione esegetica consolidata, che interpretava il tema iconografico del battesimo di Cristo nel Giordano come figura della sua discesa agli inferi (come è rappresentato nella Pala d'Oro in S.Marco o nel portale di S.Maria della Pieve ad Arezzo). Il rito si ripropone specularmente, spogliato dei suoi caratteri grotteschi, nel primo canto del *Purgatorio*, col rituale dell'abluzione e del giunco.[36] Nel battesimo, giusta l'osservazione di Paolo, *Romani*, 6,4, si rende necessaria la morte e la

---

[34] Vedi *Enciclopedia dantesca*, s.v. «Simon Mago».

[35] Dove «battezzatori» sarà da intendere come plurale di «battezzatorio» (cfr. G. Vandelli, *I «fori» del «bel san Giovanni»*, in «Studi danteschi», XV, (1931), pp. 55-66). Per il la ripresa del termine «zanche» cfr. invece A. Granville-Hatcher - M. Musa, *Lucifer Legs*, in «Publication of Modern Language Association of America», 74, 3, 1964, pp. 191-199; p. 198.

[36] Cfr. E. Raimondi, *Rito e storia nel I canto del Purgatorio* (1963), in *Metafora e storia. Studi su Dante e Petrarca*, Torino, Einaudi, 1970, pp. 65-94; G.B. Ladner, *Vegetation Symbolism and the Concept of Renaissance*, in AA.VV., *Essays in Honor of E.Panofsky*, a cura di M. Meiss, New York Univ. Press, New York, 1961, pp. 314 sgg.

sepoltura dell'*homo vetus* perché l'*homo novus* possa rinascere,[37] così come Cristo, per liberare l'uomo dal peccato, ha dovuto morire sulla croce ed essere sepolto, e il pellegrino, per poter accedere al purgatorio, superare Lucifero, morendo al peccato, percorrere la «burella» e «venire alla luce» attraverso il «pertugio tondo». I versi con cui Dante, nel primo appello al lettore, descrive il proprio terrore di fronte a Satana, «io non mori' e non rimasi vivo», al di là del riscontro ovidiano che la Spence gioca all'interno di un discorso critico piuttosto macchinoso,[38] conseguono a mio avviso il loro significato più pieno se interpretati secondo la metafora battesimale: Dante cioè davanti a Lucifero si trova in un momento-soglia, ancora vivo come peccatore, eppure già «in trapasso» verso quel bene che l'attraversamento di Satana gli permetterà di raggiungere. È una situazione che si ripropone in un altro istante cruciale: il passaggio del muro di fuoco prima dell'Eden, incoraggiato dall'angelo: «(...) io divenni tal, quando lo 'ntesi, / qual è colui che ne la fossa è messo» (*Purg.* XXVII, 14-15). Tutta una serie di tradizioni medievali, come la leggenda del legno della croce, evidenziavano peraltro il carattere soteriologico

---

[37] Cfr. P. LUNDBERG, *La typologie baptesimale dans l'ancienne église*, Leipzig-Uppsala, A. Lorentz-A.B. Lundquist, 1942 («Acta Seminarii Neotestam. Upsaliensis», 10).

[38] S. SPENCE (*Myrrha, Mhyrrha in the Well: Metonymy and Interpretation in Inferno XXXIV*, in «Dante Studies. With the Annual Report of the Dante Society», CIII, 1985, pp. 15-36; cfr., pp. 19 sgg.) ipotizza che il riferimento ovidiano di *Met.* X, 487 («Mutataeque mihi vitamque necemque negate») abbia suggestionato Epifanio, il quale in un passo dell'*Adversus octoginta Haereses* (78, 11) avrebbe così implicitamente accostato Mirra a Maria. Si tratta del resto di un'analogia non sconosciuta al Medioevo, attraverso l'*Ovide moralisé* (ed. a cura di C. De Boer, Sändig Repr. Verlag - H.R.Wohlwend, Vaduz, Liechtenstein, 1984, 1ª ed. 1915, V, 100, vv. 3748-3809, e vedi nota 91), che poteva arrivare addirittura fino al Tasso (*Mondo creato*, III, 1236). L'ipotesi del saggio della Spence è affascinante, ma appare fondato su congetture piuttosto azzardate e assai poco economiche. Non va dimenticato inoltre che il personaggio di Mirra ha una sua precisa collocazione nella *Commedia*, ovvero nella decima bolgia dell'*Inferno*, tra i falsari di persona: cfr *Inf.* XXX, 37-41.

della crocefissione, il suo riferirsi al peccato di Adamo, attraverso il mistero del rinverdire dell'albero secco, ovvero la trasformazione dell'albero della conoscenza del bene e del male, causa della caduta, nell'albero della vita: una tendenza che nell'esegesi cristiana rimonta addirittura al II secolo, ed ha vasta risonanza anche nella letteratura apocrifa, ad esempio nella *Passione di Andrea.*[39] Questa è precisamente la scena a cui assiste il pellegrino nell'Eden (*Purg.* XXXII, 52-60), prima di compiere il balzo decisivo in direzione della *Civitas Dei*; anche in questo caso, come hanno confermato recenti letture come quella di Dronke,[40] è la crocefissione ad assumere il significato di una centralità simbolica: soltanto che ora, nella mutata dimensione purgatoriale e condizione spirituale del pellegrino, non è più il piano della salvezza individuale ad essere coinvolto, ma l'intera storia dell'umanità, di cui i canti XXIX-XXXIII rappresentano una grandiosa ricapitolazione, come ha proposto di recente un notevole saggio di Peter Armour.[41] Interessante notare a questo proposito – né mi pare che sia mai stato fatto – le numerose analogie tra la visione infernale e quella purgatoriale: se le ali di Lucifero sono vele di una nave (*Inf.* XXXIV, 48), il carro assalito dall'aquila è «nave in fortuna» (*Purg.* XXXII, 116);[42] Lucifero è un «dificio» (*Inf.* XXXIV, 7), il carro un «dificio santo» (*Purg.* XXXII, 142); dal timone, immagine più volte messa in relazione dai commentatori con la croce e giustificata del resto dall'*Epistola* XI,[43] dopo la

---

[39] *Passio Andreae*, 5, in *Acta apostolorum apocrypha*, cit., I/2, pp. 11-12.

[40] P. Dronke, *L'albero di Dante*, in *Dante e le traduzioni latine medievali*, Bologna, Il Mulino, 1990 (1ª ed. or. 1986), pp. 100-107.

[41] P. Armour, *The Griffin and the Tree of Justice*, in *Dante's Griffin and the History of the World. A study of the Earthly Paradise (Purgatorio, cantos XXIX-XXXIII)*, Clarendon Press, Oxford, 1989, pp. 180-214.

[42] Vedremo più avanti il denominatore comune teologico di questo paragone.

[43] Ci si riferisce al passo in cui Dante, avvalendosi del mito di Fetonte, riprende quegli uomini di chiesa incapaci di seguire «manifestam orbitam crucifi-

profanazione del carro da parte del drago, spuntano tre teste (*Purg.* XXXII, 144). In più, la visione della processione purgatoriale si svolge secondo le stesse caratteristiche di centralità zenitale del canto XXXIV: il «bello arnese» dei sette candelabri («alberi d'oro» *Purg.* XXIX, 43) splende «più chiaro assai che luna per sereno / di mezza notte nel suo mezzo mese» (*Purg.* XXIX, 53-54); la processione si dispone infine attorno alla «pianta dispogliata» (*Purg.* XXXII, 38-39) formando la stessa figura (una circonferenza con un punto al centro) del «pozzo» di Malebolge: all'albero secco del *Purgatorio* corrisponde Lucifero ed ai componenti della processione i giganti.

I.2. Il «mal seme» infernale

Prima dell'approdo di Dante all'«acqua di vita» battesimale (*Apocalisse*, 22, 17) lo scenario infernale sembra caratterizzarsi dunque per una sostanziale aridità e sterilità, corrispondenti allo stato di peccato e culminanti nella figura di Lucifero. Il parallelismo con l'albero secco non è casuale. Per la caratteristica bipolarità delle immagini scritturali, accanto all'albero della vita si sviluppa ben presto un suo anti-tipo.[44] Può essere innanzitutto una pianta possente e prosperosa, che, proprio per la coscienza

---

xi» (cito dall'ed. a cura di A. Frugoni e G. Brugnoli, in *Opere minori*, II, Milano-Napoli, Ricciardi, 1979, p. 582). Più in generale, è notevole il fatto che la simbologia del carro, strettamente legata al motivo della contemplazione del regno celeste attraverso l'episodio di Elia (2 *Re*, 2, 11), acquisisca nella letteratura cabalistica un valore-chiave: esso rappresenta la *Merkabah*, l'insieme delle *Sephirot* (H. Bloom, *La Kabbalà e la tradizione critica*, Milano, Feltrinelli, 1981, 1ª ed. or. 1975, p. 33).

[44] Del resto un'accezione negativa non era sconosciuta nemmeno alla classicità; si legga ad esempio questo passo delle *Tusculanae disputationes* (III, VI): «Nos autem audeamus non solum ramos amputare miseriarum, sed omnes radicum fibras evellere. Tamen aliquid relinquetur fortasse; ita sunt altae stirpes stultitiae!»

della sua forza, insuperbisce ed è punita da Dio;[45] tale motivo è caro alla letteratura profetica, ad esempio *Isaia*, 10, 33-34:

Ecce Dominator dominus exercituum confriget lagunculam in terrore; et excelsi statura succidentur et sublimes humiliabuntur.
Et subvertentur condensa saltus ferro et Libanus cum excelsis cadet.

In *Ezechiele*, 17, 24[46] il tema assume un'articolazione più completa:

Et scient omnia ligna regionis quia ego Dominus humiliavi lignum sublime et exaltavi lignum humile; et siccavi lignum viride et frondere feci lignum aridum.

È ancora la superbia al centro dell'immagine evocata da *Siracide*, 3, 30: «Synagogae superborum non est sanitas / frutex enim peccati eradicabitur in illis et non intellegetur». L'albero dei vizi si caratterizza innanzitutto per la propria sterilità; così, in *Sapienza*, 10, 7, testimonianza del popolo malvagio è una «fumigabunda (...) deserta terra / et incerto tempore fructus habentes arbores». La pianta del peccato non può conoscere

---

[45] Anche in questo caso i riferimenti classici non mancano: si va da Erodoto, *Historiae*, VII, 10, 5 a Orazio, *Carmina*, II, 10, vv. 9-10: «Saepius ventis agitatur ingens / pinus».

[46] Cfr. inoltre *Ezechiele*, 31, 3-18, in particolare a 16: «A sonitu ruinae eius commovi gentes / cum deducerem eum ad infernum cum his qui descendebant in lacum». Tutte le citazioni bibliche si riferiscono al testo riprodotto in *Biblia sacra iuxta vulgatam versionem*, a cura di R. Weber e B. Fischer, I. Gribmont, H.F.D. Sparks, W. Thiele, Deutsche Bibelgesellschaft, Stuttgart, 1983; Dante utilizzava, come ha mostrato F. Groppi (*Dante as translator*, Roma, Herder, 1966, pp. 29 e 31) sia la *versio italica* dell'XI sec. sia la *versio parisina*, e, per i *Salmi*, il *Salterio gallicano*. Cfr. B. Smalley, *The Study of the Bible in the Middle Age*, Notre Dame Univ. Press, Oxford, 1952, e, per Dante in particolare, L. Negri, *Dante e il testo della Vulgata*, in «Giornale storico della letteratura italiana», LXXXV, 1925, pp. 288-307.

infatti alcuno sviluppo: «Nepotes impiorum non multiplicabunt ramos / et radices inmundae super cacumen petrae sonant» (*Siracide*, 40, 15); «Multigena autem impiorum multitudo non erit utilis; / et spuria vitulamina non dabunt radices altas» (*Sapienza*, 4, 3). La terra del popolo esiliato infine sarà una distesa desolata «sulphure et salis ardore conburens, ita ut ultra non seratur nec virens quippiam germinet» (*Deuteronomio*, 29, 23). La metafora del seme maligno, da parte sua, può rappresentare un'intera genìa, come il «semen nequam» di *Isaia*, 1, 4, oppure fissarsi come formula gnomica: «Qui seminat iniquitatem metet mala» (*Proverbi*, 22, 8). La sterilità del peccato d'altro canto bene spesso si accompagna alla più totale aridità, come nel *Salmo* 128, 5-7:[47]

> Confundantur et convertantur retrorsum
> omnes qui oderunt Sion.
> Fiant sicut faenum tectorum
> quod priusquam evellatur exaruit;
> de quo non implevit manum suam qui metit
> et sinum suum qui manipulos colligit.

o in *Siracide*, 6, 2-3:

> Non te extollas in cogitatione animae tuae velut taurus, ne forte elidatur virtus tua per stultitiam; et folia tua comedet et fructus tuos perdet, et relinqueris velut lignum aridum in heremo.

Ancor più drasticamente la *Glossa ordinaria*, commentando l'apologo di Iotam di *Giudici*, 9, 8-15 sul rovo che intendeva essere incoronato re degli alberi, richiamava l'Anticristo.[48] Il Dio

---

[47] Illuminante in questo senso il commento di Onorio Augustodunense al salmo, con l'equivalenza tra legno verde («lignum vitae») e pianta fruttifera (Cristo), e, viceversa, tra legno secco e pianta sterile: *Expositio in Psalmos selectos*, in *Patrologia latina*, (d'ora in avanti *P.L.*) CLXXII, coll. 276-277.

[48] Walafridus Strabo, *Glossa ordinaria*, P.L. CXIII, col. 528: «Rhamnus est genus rubi (...), asperum nimis et spinosum, per quod Antichristus significatur cum omni asperitate et feritate humanum genus vastaturus».

buon vignaiolo raccoglie e brucia gli sterpi e le piante spinose (moltiplicatesi a partire dalla maledizione di Adamo: *Genesi*, 3, 18) che intralciano la crescita dei prodotti della terra

In die illa: «Vinea meri: cantabit ei!

Ego Dominus qui servo eam repente propinabo ei ne forte visitetur contra eam, nocte et die servo eam.

Indignatio non est mihi, quis dabit me spinam et veprem in proelio gradiar super eam, succendam eam pariter».

(*Isaia*, 27, 2-4)

è per questo che Gerusalemme dopo aver rinnegato le cure del suo Dio, diviene improduttiva come vigna bastarda o si tramuta in deserto

Ego autem plantavi te vineam electam, omne semen verum; quomodo ergo conversa es in in pravum vinea aliena?

(*Geremia*, 2, 21)

Quid est quod debui ultra facere vineae meae, et non feci ei?

An quod expectavi ut faceret uvas et fecit labruscas?

Et nunc ostendam vobis quid ego faciam vineae meae: auferam sepem eius et erit in direptionem; diruam maceriam eius et erit in conculcationem.

Et ponam eam desertam, non putabitur et non fodietur et ascendent vepres et spinae; et nubibus mandabo ne pluant super eam imbrem.

(*Isaia*, 5, 4-6)

L'aridità è infine direttamente connessa con la mancanza di fede: «increduli autem habitaverunt in siccitatibus», ha la *versio* «iuxta Hebreos» del *Salmo* 67, 7.

Negli scritti neotestamentari il tema della sterilità acquisisce com'è ovvio una più manifesta valenza cristologica. Mentre si ripropone il tema del Dio buon vignaiolo,[49] sono ancora le piante spinose ad incarnare la condizione di peccato:

---

[49] Frequente soprattutto in *Matteo*: 13, 3-9; 20, 1-8; 21.

Non est enim arbor bona quae facit fructus malos, neque arbor mala faciens fructum bonum. Unaquaeque enim arbor de fructu suo cognoscitur: neque enim de spinis colligunt ficus, neque de rubo vindemiant uvam»

(*Luca*, 6, 44)[50]

Il prezzo pagato dall'infecondità sarà l'abbattimento dell'albero, come prescritto da *Deuteronomio*, 20, 20, poi le fiamme:

Iam enim securis ad radicem arborum posita est: omnis ergo arbor quae non facit fructum bonum exciditur et in ignem mittitur

(*Matteo*, 3, 10);

Ego sum vitis, vos palmites. Qui manet in me et ego in eo, hic fert fructum multum, quia sine me nihil potestis facere. Si quis in me non manserit, mittetur foras sicut palmes et aruit et colligent eos et in ignem mittunt et ardent

(*Giovanni*, 15, 5-6)

significato analogo hanno le parole che in *Luca* 23, 31 Gesù rivolge alle donne durante la Passione: «si in viridi ligno haec faciunt, in arido quid fiet?»; così come l'accenno nella *Lettera di Giuda*, 12 agli empi come «arbores autumnales infructuosae bis mortuae eradicatae».

Il simbolo della sterilità per eccellenza è il fico, soprattutto per influenza di *Luca*, 13, 6-9 e *Matteo*, 21, 18-22;[51] per suo tramite la tradizione iconografica solitamente ha rappresentato

---

[50] Cfr. *Matteo*, 7, 17 e 12, 33.

[51] Sulla funzione simbolica del fico, cfr. O. GOETZ, *Der Feigenbaum in der religiosen Kunst des Abendlandes*, Berlin, G. Mann, 1965. I sermoni su *Luca*, 13, 6 avevano generalmente luogo il diciassettesimo sabato dopo la Pentecoste: lo Schneyer segnala quelli di Odone di Chateauroux, Giovanni di Aragon, Giovanni Rigaldi, Bruno di Segni, Goffredo Babion (J.B. SCHNEYER, *Repertorium der lateinischen Sermones des Mittelalters für die Zeit von 1150-1350*, Aschendorffsche Verlagsbuchhandlung, Münster Westfalen, 1969-1990).

l'albero della conoscenza del bene e del male, anche per l'accenno di *Genesi*, 3, 7. Nel momento in cui viene elaborata una sistemazione organica del sistema dei vizi e delle virtù, al fico è perlopiù assegnato il ruolo di *arbor mala*, specularmente contrapposto a quello dell'*ecclesia fidelium*, come troviamo nell'illustrazione del *Liber floridus* di Lamberto di S.Omer.[52] L'albero del male, totalmente spoglio, è spesso identificato con la «synagoga», e si capisce bene perché: gli Ebrei, affermano tra gli altri Ambrogio e Rabano Mauro, hanno ripudiato il frutto dell'albero della vita, Cristo, autocondannandosi alla sterilità eterna («aeterna ariditate»).[53] Più in generale, dalla stessa strutturazione della casistica relativa al peccato sorge l'albero dei vizi, di cui l'esemplificazione più nitida appare quella offerta dal *De fructibus carnis et spiritus* di Ugo di S.Vittore: alla radice – corrispondente a Lucifero, il principio del male – sta la superbia, secondo le indicazioni scritturali, e i suoi sette frutti sono: «invidia», «vanagloria», «tristitia», «ira», «ventris ingluvies», «avaritia» e «luxuria».[54] Il motivo si diffonde con successo soprattutto a partire dal sec. XII: alberi dei vizi troviamo nel *Miroir du monde*, nei *Breviari d'amors* di Matfre Ermengau,[55] o anche nel *Miroir de la vie et de la mort* di

---

[52] Cfr. H. Toubert, *Une fresque de San Pedro de Sorpe (Catalogne) et le thème iconographique de l'«Arbor Bona - Ecclesia, Arbor Mala - Sinagoga»*, in «Cahiers Archéologiques», XIX, 1969, pp. 167-189; più in generale A. Katzenellenbogen, *Allegories of the Virtues and Vices in Medieval Art*, Kraus Reprint, London, 1977, pp. 65 sgg.

[53] Rabano Mauro, *De universo*, XIX, VI, in *P.L.* CXI, col. 513. Ambrogio poi collega la sterità della religione giudaica (a cui manca il frutto-Cristo) alla mancata fioritura del fico: «Venit secundus Adam et non folia, sed poma quaerebat» (*Expositio Evangelii secundum Lucam*, ad 13, 6, in *Corpus scriptorum ecclesiasticorum latinorum* – d'ora in poi CSEL –, Bibliopola Academiae Literarium Caesareae Vindobonensis, Pragae-Vindobonae-Lipsiae, 1890 sgg., vol. 32/IV, p. 353).

[54] Ugo di San Vittore, *De fructibus carnis et spiritus*, in *P.L.* CLXXVI, coll. 1007-1008.

[55] C. Segre, *Le forme e le tradizioni didattiche*, in *Grundriss der romanischen Literaturen des Mittelalters*, a cura di J. Frappier, M. De Riquer, A. Roncaglia,

Robert de l'Homme.[56] È evidente che tale rappresentazione si è avvalsa dell'antichissima similitudine uomo-pianta, registrata anche dal *Timeo* (90 A), presente in *Giobbe* 18, 16 e trasmessasi nelle enciclopedie medievali; Rabano Mauro ad esempio nel *De universo* annota:

Arbor autem humanum genus genus significat (...). Item arbor bona dicitur bonus homo, et mala arbor malus homo. Quidam in hoc testimonio arborem voluntatem hominis magis quam ipsum hominem accipiendum putant: et fructum bonum bona opera, malum vero mala opera.[57]

Il tema dell' albero secco, destinato a rifiorire col sacrificio di Cristo, presente, oltre che nella stessa *Commedia*, nella letteratura di viaggio e di visione come i *Viaggi di Mandeville* o il *Pélegrinage de l'ame* di Guillaume de Deguileville, fa riferimento appunto allo stato di peccato conseguente alla caduta di Adamo. Anche la tradizione favolistica offre al riguardo testimonianze importanti: nella traduzione latina duecentesca di Giovanni da Capua della versione ebraica del *Pañcatantra*, il *Directorium humanae vitae*, compare la figura dell'«arbor mendacii» all'interno del tema del sovvertimento dell'ordine del mondo, di nuovo con caratteristiche di aridità:

Videmus etenim quoniam hoc tempus ubique retrovertitur, et fiunt verba iustitiae dissipata, et perditur ab hominibus quod difficile erat perdi, et omni tempore semper apud eos invenitur quod ante erat

---

H.R. Jauss, E. Kohler, vol. VI/1 (*La litterature didactique, allegorique et satirique*), Heidelberg, C. Winter - Universitätsverlag, 1968, pp. 58-145; cfr. pp. 70 sgg.

[56] J. Baltrušaitis, *Il Medioevo fantastico. Antichità ed esotismi nell'arte gotica*, Milano, A.Mondadori, 1979 (1ª ed. 1972), p. 141.

[57] Rabano Mauro, *De universo*, cit., *P.L.* CXI, coll. 508-509. Fornisce copiose attestazioni dell'analogia dai testi induistici e ebraici A.K. Coomaraswamy, *L'albero rovesciato* (1938), in *Il grande brivido. Saggi di simbolica e arte*, Milano, Adelphi, 1987, pp. 323-353; cfr. p. 345.

difficile inveniri; et efficitur bonus abiens et fugiens, malus autem eccedens et permanens, et redduntur stulti leti, doctores vero dolentes; et efficitur iusticia imbecillis, iniusticia vero fortis, redditur scientia occulta, fatuitas vero manifesta, et fit dilectio absconsa, odium vero apparens, et redditur donum ablatum a iustis et datum impiis, et permanet falsitas vigilans, veritas vero dormiens; et efficitur arbor mendacii fructum afferens, veritatis vero arida (...); et efficiuntur maligni ascendentes ad celum, boni autem demersi in umbilicum abyssi (...), et redditur perversum hoc seculum dicens: *occultavi bona et manifestavi mala.*[58]

Il motivo dell'albero dei vizi diviene tanto comune che dalle opere di dogmatica comincia a fare la sua comparsa nei testi poetici; è ad esempio il simbolo della decadenza di *joven* in Marcabru:

(...)
Totz lo segles es encombratz
per un albre que.i es nascutz
autz e grans, brancutz e foillatz,
et a meravilla cregutz;
et a si tot lo mon perpres
que vas neguna part no.m vir,
no.n veia dels rams dos o tres

(...)
E per so s'es engrazigatz
car greu sera mais abatutz:
que la razitz es malvestatz,
per que jovens es confondutz

---

[58] GIOVANNI DA CAPUA, *Directorium humanae vitae*, ed. a cura di F. Geissler, Akademie Verlag, Berlin, 1960, pp. 44 e 46. Ricordo che al tema biblico del capovolgimento dell'universo ordine morale del mondo si era ispirato il celebre *Lamento* dell'*Asclepius* ripreso da Giordano Bruno nello *Spaccio della bestia trionfante* (cfr. *Corpus Hermeticum*, a cura di A.D. Nock, Paris, Les Belles Lettres, 1973, pp. 263 sgg).

e tornatz en tal contrapes,
per cels qui.l degran obezir,
que tant non crid' om c'us l'ades.

[Tutto il mondo è invaso da un albero che vi è nato sopra, alto e grande, fitto di rami e di foglie e cresciuto in modo strano; ha invaso tutta la terra, e non posso girarmi senza vedere due o tre dei suoi rami. // Ed è piantato così profondamente che sarà ben difficile abbatterlo, perché la radice è Malvagità, e così *joven* è distrutto e contrastato in tal modo da chi dovrebbe obbedirgli, che per quanto si gridi nessuno lo tocca.][59]

Un settore che dimostra profonde capacità di elaborazione del motivo è quello della lirica a sfondo mistico; nella lauda «Fede, spen e caritate» Iacopone, per poter raggiungere Dio, è costretto ad arrampicarsi sull'albero del male, dove è tentato dal Demonio.[60] Uno sviluppo già condizionato dall'immaginario dantesco è invece quello del sonetto di Fazio degli Uberti sulla superbia:

Io so' la mala pianta de superbia
che ingenerai d'onne vizio el seme;
e quel cotal non ama Dio né teme,
che se notrica di questa mia erba

Io sono ingrata, arrogante ed acerba,
per cui el mondo tutto piagne e geme.[61]

Nella *Commedia* la metafora arborea introduce in alcuni casi il motivo topico della caducità umana, ed è il caso più ovvio; così,

---

[59] Cito dall'ed. J.M. Dejeanne, Toulouse, Privat, 1909, pp. 191 sgg. Ringrazio Mario Mancini (di cui è pure la traduzione del brano riportato) per la preziosa segnalazione.

[60] Iacopone da Todi, *Laudi*, a cura di F. Mancini, Bari, Laterza, 1974, pp. 255-'56, vv. 93-154.

[61] *Sonetti dei sette peccati capitali*, ed. G. Corsi, Bari, Laterza, 1952, II, 59, vv. 1-6.

ad esempio, in *Inf.* III, 112-117 i dannati sulle rive dell'Acheronte sono come foglie d'autunno portate dal vento, secondo la suggestione di *Eneide*, VI, 309-312 (e, prima ancora, di *Iliade*, VI, 146-149):

> Come d'autunno si levan le foglie
> l'una appresso de l'altra, fin che 'l ramo
> vede a la terra tutte le sue spoglie,
> similemente il mal seme d'Adamo
> gittansi di quel lito ad una ad una,
> per cenni come augel pel suo richiamo.

si rammenti similmente il doppio monito di Oderisi da Gubbio sulla caducità della fama terrena:

> Oh vana gloria de l'umane posse!
> com' poco verde in su la cime dura,
> se non è giunta da l'etati grosse!
>
> (*Purg.* XI, 91-93)

> La vostra nominanza è color d'erba,
> che viene e va, e quei la discolora
> per cui ella esce de la terra acerba.
>
> (*Purg.* XI, 115-117)

o ancora l'accenno del discorso di Adamo al succedersi delle convenzioni e delle consuetudini umane: «(...) l'uso de' mortali è come fronda / in ramo, che sen va e altra vene» (*Par.* XXVI, 137-138).

È tuttavia l'immagine biblica della crescita degenerata a presentare una ricorsività straordinaria: è ad esempio la «vigna / che tosto imbianca» quando «'l vignaio è reo» (*Par.* XII, 86-87). «Di tal semente cotal paglia mieto», osserva Guido del Duca a *Purg.* XIV, 85 riecchegiando *Proverbi*, 22, 8 e Paolo, *Galati*, 6, 8, mentre lo stesso Dante prima del viaggio salvifico è paragonato da Beatrice al «mal seme» piantato nel terreno fertile:

Ma tanto più maligno e più silvestro
si fa 'l terren col mal seme e non colto,
quant'elli ha più di buon vigor terrestro;

(*Purg.* XXX, 118-120)

che rappresenta una sorta di capovolgimento della parabola del seminatore di *Matteo*, 13, 3-9 – *Marco*, 4, 1-9 – *Luca*, 8, 4-8, divulgata ogni anno dalle omelie in domenica di *Sexagesima*, e trasfusa nel codice letterario a partire dal proemio del *Perceval* di Chrétien de Troyes (vv.5-6): «Car en terre qui riens ne valt, / Bone semence seche et faut». I dannati sulle rive dell'Acheronte sono il «mal seme d'Adamo» (*Inf.* III, 115); Caifas e Anna furono «mala sementa» per il popolo d'Israele (*Inf.* XXIII, 123); Pistoia «'n mal fare» sopravanza il suo «seme» perverso Catilina (*Inf.* XXV, 12); così come il gesto di Mosca dei Lamberti fu «mal seme per la gente tosca» (*Inf.* XXVIII, 108). Siena è l'«orto» dove «s'appicca» il «seme» della ghiottoneria (*Inf.* XXIX, 129); frate Alberigo sconta eternamente «le frutta del mal orto» che lo portarono a tradire ed uccidere i propri congiunti (*Inf.* XXXIII, 119); le parole di Ugolino vorrebbero esser «seme / che frutti infamia» all'arcivescovo Ruggieri (*Inf.* XXXIII, 7-8). Infine, Ugo Capeto è «radice de la mala pianta / che la terra cristiana tutta aduggia» (*Purg.* XX, 43-44); San Pietro semina «la buona pianta» della parola redentrice che tuttavia «fu già vite e ora è fatta pruno» (*Par.* XXIV, 110-111), secondo la simbologia di *Isaia 5, 1-6*. Una posizione di assoluto spicco in questo gioco di similitudini lo acquisisce naturalmente Firenze, definita addirittura «pianta» «di colui (...) / che pria volse le spalle al suo fattore» (*Par. IX*, 127-128), mentre in *Purg.* XIV, 64 viene presentata come «trista selva» da cui esce «l'antica belva» Fulcieri da Calboli.[62] Anche al

[62] Tali accostamenti hanno spinto alcuni commentatori come Filippo Villani a identificare la «selva oscura» del primo canto proprio con Firenze (*Expositio seu comentum super «Comedia» Dantis Allegherii*, a cura di S. Bellomo, Firenze, Le Lettere, 1989, p. 86).

di fuori della *Commedia* questo accostamento si ripropone: nell'*Epistola* VII così Dante esorta Arrigo VII a stroncare la resistenza di Firenze:

> Non etenim ad arbores extirpandas valet ipsa ramorum incisio, quin iterum multiplicius virulenter ramificent, quousque radices incolumes fuerint ut prebeant alimentum.[63]

Allo stesso modo l'ira di Bonifacio VIII continua a crescere rigogliosa («frondesceret») in Iacopo Stefaneschi «velut ramus insitionis in trunco non suo».[64]

La connotazione negativa della selva nel medioevo deriva fondamentalmente dal sospetto con cui il pensiero del primo cristianesimo riceveva l'immaginario arboreo dall'epoca classica; come ricorda Frye,[65] i Padri erano ben coscienti della pericolosità del culto pagano degli alberi (il pino di Attis, l'ulivo di Minerva, la quercia di Giove ecc.).[66] Così, spesso le biografie dei santi registrano qualche sradicamento di piante sospette: è il caso ad esempio del vescovo Barbato (sec. X), che abbatte il noce di Benevento venerato dai Longobardi in occasione dello sventato assedio dell'imperatore Costante.[67] È dunque ben comprensibile

---

[63] *Epistola VII*, ed. cit., p. 568.

[64] *Epistola* XI, 25, ed. cit., p. 590.

[65] N. Frye, *Il grande codice. La Bibbia e la letteratura*, Torino, Einaudi, 1986 (1ª ed. 1982), p. 198 sgg.

[66] Cfr. A. De Gubernatis, *La mythologie des plantes, ou les legendes du règne végétal*, Paris, C. Reinwald, 1878-'82, 2 voll; C. Joret, *Les plantes dans l'antiquité et au Moyen Age. Histoire, usage et symbolisme*, Paris, E. Bouillon, 1897-1904, voll.2; AA.VV., *Bäume bilder und Texte aus drei Jahrtausenden*, a cura di G. Gollwitzer, Schuler, Herrsching, 1984; C. Pascal, *L'oltretomba dei pagani*, Genova, Alkaest, 1981, vol. 1, pp. 50-52 («Piante ed alberi del mondo infero»).

[67] F. Ermini, *Il culto degli alberi presso i Longobardi e il noce di Benevento*, in *Medioevo latino*, Modena, Società Tipogr. Modenese, 1938. Il discorso può essere riproposto anche per la figura di S. Bonifacio: «il missionario cristiano è talora presentato come sradicatore di alberi sacri e spiantatore di boschi sacri» (F. Cardini, *Le piante magiche*, in AA.VV. *L'ambiente vegetale nell'Alto Medioe-*

che, come ha mostrato Le Goff,[68] in Occidente la foresta erediti l'ambivalenza dell'immaginario veterotestamentario proprio del deserto: luogo sì del caos e della tentazione, ma anche della rivelazione divina, oltre che riparo per la donna-Chiesa di *Apocalisse*, 12, 6. A conferma di ciò, nel *Tristan* di Béroul, e in genere in tutta la letteratura arturiana, la foresta sembra assumere più che altro la funzione di rifugio, oppure di teatro di una particolare prova a cui è sottoposto il cavaliere: in ogni caso essa connota, com'era da attendersi, uno stato di natura, contrapposto alla città ed alla corte. Per questo motivo la tipologia dell'eremita e quella dell'«uomo selvaggio»[69] spesso tendono a coincidere, entrambe riferite al prototipo biblico di Giovanni Battista. L'eremita appare comunque l'uomo che sfida coraggiosamente l'ambiente infido della selva «félone», traditrice, e per questo è sovente rappresentato nell'atto di sradicare sterpi dal terreno (con significato ad un tempo teologico e sociologico), come accade nell'*Yvain* di Chrétien de Troyes[70] – e come del resto prescriveva il *Liber ruralium commodorum* di Pier Crescenzi –. I rovi, per la medesima influenza biblica, tendono a simboleggiare non soltanto la condi-

---

vo, Spoleto, Centro Studi sull'Alto Medioevo, 1990, p. 652); cfr. inoltre C. NASELLI, *Sul culto degli alberi in Italia*, in *Studi di folklore*, Catania, Crisafulli, 1953.

[68] J. LE GOFF, *Il deserto-foresta nell'Occidente medievale*, in *Il meraviglioso e il quotidiano nell'Occidente medievale*, Bari, Laterza, 1983, pp. 27-44; si veda inoltre M. STAUFFER, *Der Wald; zur Darstellung und Deutung der Natur im Mittelalter*, Juris-Verlag, Zürich, 1958. e AA.VV., *Il bosco nel Medioevo*, a cura di B. Artioli e M. Montanari, Bologna, CLUEB, 1988. L'ambivalenza, a dire del Mazzotta, si ritroverebbe anche nella *Commedia*, ovvero nel «lito diserto» del monte purgatoriale (*Purg.* I, 130) che costituisce il contraltare della «montagna (...) diserta» di Creta che ospita il veglio (*Inf.* XIV, 97-99), (G. MAZZOTTA, *Dante Poet of the Desert. History and Allegory in the Divine Comedy*, Princeton Univ. Press, Princeton, 1979, p. 38).

[69] Cfr. R. BERNHEIMER, *Wild Men in the Middle Age. A Study in Art, Sentiment and Demonology*, Octagon Books, New York, 1970.

[70] J. LE GOFF, *Abbozzo di analisi di un romanzo cortese*, ne *Il meraviglioso e il quotidiano*, cit., pp. 103-143.

zione di peccato, ma anche una delle più vulgate pene infernali: si va dalla *Visione di S.Paolo*, nella quale ai sacerdoti che non hanno compiuto rettamente la loro missione è assegnato un «luogo spinoso e tenebroso»;[71] al *De Babylonia infernali* di Giacomino di Verona, in cui sono descritte paludi velenose che «D'ortige e de spine tute [è] circundae, / agute cum cortegi e taia plu che spae»;[72] al *De scriptura nigra* di Bonvesin da la Riva che narra di monti «(...) coverg per tuto pur de spin regorusi, / li quai en oltra modho ponzent e venenusi».[73]

Era stato soprattutto Agostino a sviluppare il tema dell'edificazione della casa di Dio («domus Domini») attraverso l'abbattimento della foresta che tiene gli uomini «captivi sub diabulo»,[74] cioè asserviti ai rituali pagani. «Inculta», «solitaria» e soprattutto «infructuosa» è la «silva» per Ugo di S.Vittore;[75] «Gehennalis» è l'attributo che Pietro di Celle conferisce alla foresta-Sion, mentre Bernardo di Tours parla di «silvestris malignitas».[76] Per il Rabano Mauro delle *Allegoriae in Sacram Scripturam* la foresta è il mondo, ed i suoi rami sono gli «homines pravi», mentre nel *De universo* è specificato che «Campi vero silvae indicant corda

---

[71] Cito dal volgarizzamento trecentesco (condotto sul cod. Magliabechiano Cl. XXXVIII, 127) presentato da P. Villari, *Antiche leggende e tradizioni che illustrano la Divina Commedia*, Bologna, Forni, 1979 (rist. anast. dell'ed. 1865), p. 78; il testo latino in H. Brandes, *Visio Sancti Pauli. Ein Beitrag zur Visionslitteratur, mit einen deutschen und zwei lateinischen Texten*, Niemeyer, Halle, 1885.

[72] Giacomino da Verona, *The «De Jerusalem Celesti». The «De Babilonia infernali»*, a cura di E.I. May, Florence, Le Monnier, 1930, p. 84, vv. 39-40.

[73] Bonvesin da la Riva, *Libro delle tre scritture, De scriptura nigra*, a cura di G. Contini, Roma, Presso la Società, 1941, p. 121, vv. 607-608.

[74] Agostino, *Enarratio in Ps. XCV*, in *P.L.* XXXVII, coll. 1230-'31; cfr. C. Frugoni, *Alberi (in paradiso voluptatis)*, in AA.VV., *L'ambiente vegetale nell'Alto Medioevo*, cit., pp. 725-'62; in particolare vedi pp. 734 sgg.

[75] Ugo di san Vittore, *De bestiis et aliis rebus libri quattuor*, *P.L.* CLXXVII, col. 160.

[76] Bernardo Silvestre, *De mundi universitate libri duo*, I, 2; cito dall'ed. S. Barach-J. Wrobel, s.e., Innsbruck, 1876, p. 9 (passo gentilmente segnalatomi da Franco Bacchelli).

gentilium, quae ex peccatis quasi silvestribus ac dumosis locis, mundante Domino, campestri puritate patuerunt»;[77] in ogni caso il bosco «mystice significat sterilitatem gentium».[78] Su tutte queste interpretazioni senza dubbio ebbe una notevole influenza, oltre ai passi citati poc'anzi, *Isaia*, 29, 17 e 32, 15: «Nonne adhuc in modico et in brevi / convertetur Libanus in Chermel et Chermel in saltum reputabitur»; «Et erit desertum in Chermel / et Chermel in saltum reputabitur».

La selva è il luogo dell'oscurità, dunque dell'ignoranza e dell'errore: lo conferma l'etimologia medievale di «lucus», giocata su di una base antifrastica.[79] Dante accoglie tale nesso simbolico già nel *Convivio*, nel momento in cui parla dell'ingresso dell'adolescente nella «selva erronea di questa vita» (*Convivio*, IV, XXIV, 12), parallelo a quello del maturo pellegrino nella «selva oscura»[80] – «cammin silvestro» è poi l'intero percorso infernale (*Inf.* XXI, 84) –. Soltanto una volta «selva» compare nella *Commedia* in accezione neutra, cioè in *Purg.* XXVIII, 108, quando Matelda spiega a Dante le cause degli apparenti fenomeni atmosferici dell'Eden;[81] per ben quindici volte invece essa connota una condizione di peccato, con dodici occorrenze nell'*Infer-*

---

[77] Rabano Mauro, *Allegoriis in Sacram scripturam*, in *P.L.* CXII, col. 1037 e *De universo*, XIX, V, in *P.L.* CXI, col. 510.

[78] *Id.*, *De universo*, I, XIII, in *P.L.* CXI, col. 367.

[79] Isidoro di Siviglia, *Ethimologiarum libri XX*, XVII, VI, 7 (cito dall'ed. a cura di W.M. Lindsay, Clarendon Press, Oxford, [1910]): «Lucus est densitas arborum solo lucem detrahens, tropo antiphrasi, eo quod non luceat».

[80] È stato più volte rilevato il parallelismo tra l'immagine iniziale della *Commedia* e quella della «selva diversa» del *Tesoretto*.

[81] Anche allora la selva è qualificata come «folta»; C. Ossola, (*«Coi piè ristetti e con li occhi passai». Sospensione e compimento del tempo nel Purgatorio*, in AA.VV., *L'arte dell'interpretare. Studi critici offerti a Giovanni Getto*, Cuneo, L'Arciere, 1984, pp. 45-66; cfr. p. 54) nota come il lessema «selva» connoti «l'orizzonte dell'*homo viator*, destinato ad "essere silvano" sino al *fructus visionis*», mentre nella terza cantica (*Par.* XXVI,110) ci si riferisce ad essa come a «giardino».

no. È la «selva oscura», «selvaggia» e «fonda» dell'inizio del viaggio (*Inf*. I, 2 e 5; XX, 129); la foresta «di spiriti spessi» del Limbo (*Inf*. IV, 65-66); la foresta devastata dalla tempesta provocata dall'arrivo del messo celeste, davanti alle porte della città di Dite (*Inf*. IX, 69). E ancora: la selva «mesta» e «dolorosa» dei suicidi (*Inf*. XIII, 97, 107, 117, 124; XIV, 10 e 77; XV, 13); la «trista selva» Firenze nel discorso di Guido del Duca (*Purg*. XIV, 64); la «selva antica» dell'Eden, teatro del peccato di Adamo (*Purg*. XXVIII, 23); la medesima «selva vòta» dopo la caduta (*Purg*. XXXII, 31); infine il luogo dove il gigante trascina il carro, riferimento con tutta probabilità allusivo al periodo della cattività avignonese (*Purg*. XXXII, 158).[82] I commentatori antichi avevano del resto compreso perfettamente il movente dell'allegoria dantesca; per Iacopo della Lana

sicome la selva è uno luogo salvatico e scuro, così la vita viziosa è salvatica rispetto alla virtuosa, ed è scura in quanto conduce l'uomo alla scuritade dello inferno;

Benvenuto da Imola insiste sui medesimi tratti:

Sicut (...) sylva est locus incultus, plenus insidiarum, receptaculum ferarum in hominem diversimode savientium, ita in ista vita inculta sunt diversa genera viciorum ssavientium in perniciem animarum et corporum (...). Et dicit «oscura» propter ignorantiam et peccatum, quae obcaecant et obscurant et tenebras petunt, quia qui male agit, odit lucem;

e così pure Filippo Villani:

Silva ista obscura est propter ignorantiam, silvestris propter bona que deficiunt in ea, aspera propter mala que redundant in ea, fortis et dura propter difficultatem inde evadendi;

---

[82] Non si capisce dunque come P. Golinelli abbia potuto sostenere che il termine ha nella *Commedia* un'accezione neutra (*Tra realtà e metafora: il bosco nell'immaginario letterario medievale*, in AA.VV., *Il bosco nel Medioevo*, cit., p. 113).

mentre Francesco da Buti e il Boccaccio, discutendo gli attributi «selvaggia» e «aspra» del verso 5, appaiono maggiormente suggestionati da echi biblici:

(...) selvaggia, cioè senza abitazione umana, e per questo orribile e aspra, cioè malagevole ad andare per essa; e per questo si può intendere che voglia significare ch'era involuta ed intricata d'arbori salvatichi, pruni e sterpi sì, che per essa espeditamente non si potea andare;

(...) dice appresso ch'ella era «aspra», a dimostrare la qualità degli alberi e de' virgulti di quella, li quali dovevano essere antichi, con rami lunghi e ravolti, contessuti e intrecciati intra se stessi, e similemente piena di pruni, di tribuli e di stecchi, sanza alcuno ordine cresciuti e in qua e in là distesi: per le quali cose era aspra e malagevole ad andare per quella.[83]

A più riprese Dante fa riferimento alla mèta del suo viaggio nei termini del raggiungimento di un frutto spirituale lentamente maturato nelle sofferenze infernali e nell'espiazione purgatoriale; «lascio lo fele e vo per dolci pomi», dice il pellegrino nel girone dei sodomiti (*Inf.* XVI, 61); giunto in prossimità dell'Eden, Virgilio prepara Dante a pregustare «quel dolce pome che per tanti rami / cercando va la cura de' mortali» (*Purg.* XXVII, 115-116). Mentre nel *Paradiso* il tema della maturazione conoscerà uno sviluppo trionfale – come cercherò di mostrare più avanti –,[84] sulla falsariga del motivo biblico del Dio buon vignaiolo e di Cristo frutto

---

[83] *Comedia di Dante degli Allagherii col commento di Iacopo della Lana*, a cura di L. Scarabelli, Bologna, Tip. Regia, 1866, I, 108; *Benvenuti de Rambaldis de Imola comentum super Dantis Aldigherii Comoediam*, a cura di G.F. Lacaita, Firenze, Barbera, 1887, I, 24; F. Villani, *Expositio*, cit., p. 86; *Commento di Francesco da Buti sopra la Divina Commedia*, a cura di C. Giannini, Pisa, Nistri, 1852-'62, I, 23; G. Boccaccio, *Esposizioni sopra la Comedia di Dante*, canto I (I), 7-8 (cito dall'ed. a cura di G. Padoan in *Tutte le opere*, Milano, Mondadori, 1965, p. 20).

[84] Cfr. D.A. Carozza, *The Motiv of Maturation in the Commedia*, in AA.VV., *Lectura Dantis Newberryana*, vol. 1, a cura di P. Cherchi e A. Mastrobuono, North Western Univ. Press, Evanston, Ill., 1988, pp. 57-70.

dell'albero della vita, l'atmosfera infernale si caratterizza per una sostanziale sterilità, di cui paesaggio emblematico può essere considerata la selva dei suicidi («non pomi v'eran, ma stecchi con tòsco» (*Inf.* XIII, 6)). Tale descrizione segue da presso, come ha segnalato Singleton nel suo commento, i vv.700-701 dell'*Hercules furens* di Seneca: «Non ulla ramos silva pomiferos habet: / sterilis profundi vastitas squalet soli».

Se quanto osservato sinora è giusto, nella figura di Lucifero dovrebbero essere compendiate al massimo grado, attraverso il nodo simbolico albero-croce, le caratteristiche di aridità proprie di tutta la prima cantica. Lucifero dunque radice dell'albero dei vizi in quanto «primo superbo» (*Par.* XIX, 46): è un'interpretazione resa canonica da Gregorio Magno nel corso del commento a *Giobbe*, 41, 26.[85] La superbia di Lucifero si trova ben rappresentata in *Isaia*, 14, 13-14, riferimento la cui importanza in rapporto alla *Commedia* non era sfuggita a Bruno Nardi:[86] sarà però ancora una volta Agostino a fissare definitivamente la superbia come caratteristica distintiva del Demonio,[87] e Tommaso a stabilire che l'invidia, l'altro peccato tradizionalmente assegnatogli,[88] era stata una diretta conseguenza di quel primo.[89] *Isaia*, 25, 5 («si-

---

[85] Il passo di *Giobbe* si riferisce al Leviatan come al «rex super universos filios superbiae»; cfr. GREGORIO MAGNO, *Moralia*, XXXIV, 33, 47, in *P.L.* LXXVI, 44.

[86] B. NARDI, *La caduta di Lucifero*, cit.

[87] J.B. Russell fornisce un elenco di passi agostiniani relativi al Demonio in *Satana. Il diavolo e l'inferno tra il I e il V secolo*, Milano, A. Mondadori, 1986 (1ª ed. or. 1981), pp. 198 sgg.

[88] Si tratta dell'invidia per l'unione ipostatica del Verbo con la natura umana, dottrina sviluppata da Tertulliano, Anselmo, Bernardo e sostanzialmente accolta da Dante, secondo l'opinione di S. PASQUAZI (*Inferno, canto XXXIV*, pp. 630 sgg., in *Lectura Dantis Neapolitana*, a cura di P. Giannantonio, Napoli, Loffredo, 1986, pp. 623-641).

[89] TOMMASO, *Summa theologiae*, I, qu. LXXIII, art. II («Utrum in Angelis possit esse tantum peccatum superbiae et invidiae»), 3 ad resp.; ma si veda pure la *quaestio disputata De malo*, qu.3, artt.3 e 4 e qu.16.

cum aestum in siti tumultum alienorum humiliabis»), unitamente al citato *Salmo* 67, 7 («incredulis (...) habitaverunt in siccitatibus»), permette ai commentatori di mettere direttamente in relazione il peccato di superbia con l'aridità spirituale, e ben precocemente, in conseguenza di ciò, si diffonde il tema del Demonio seminatore di erbacce: «avenarum superseminatorem et frumentariae segetis nocturnum interpolatorem», secondo le parole di Tertulliano (*De anima*, 16, 7), tema che corre parallelo al riferimento sulla zizzania degli eretici (*Matteo*, 13, 24-30 e 38-39).

Insomma, tutto porta a concludere che dallo stesso immaginario da cui era sorto il campo simbolico dell'albero della vita, incentrato sul tema liturgico del battesimo, si sviluppi in un secondo momento la minacciosa figura dell'albero del male. Così, ad esempio, Agostino afferma che la razza umana è considerata da Lucifero come la propria pianta da frutto:

> Hoc generi umano inflictum vulnus a diabolo, quidquid per illud nascitur, cogit esse sub diabolo, tamquam de suo frutice fructum jure decerpat.[90]

Per una simile interpretazione non mancavano agganci scritturali: in *Siracide*, 11, 3 le parole «si ceciderit lignum ad Austrum sive ad Aquilonem, ubicumque ceciderit, ibi erit» erano interpretate[91] nel senso di una morte consumatasi nel peccato (cioè in direzione del settentrione, da dove, secondo il citato passo di *Isaia*, 14, 13-14, era caduto Satana) oppure in grazia di Dio (l'Austro simboleggiava solitamente lo Spirito Santo). Per di più, sempre in *Isaia*, 14, 19, Lucifero è chiamato «stirps inutilis», dunque la perfetta antitesi di Cristo «virga de radice Iesse» (*Isaia*,

---

[90] AGOSTINO, *De nuptiis et concupiscentia*, I, XXIII, 26, in *P.L.* XLIV, coll. 428-'29.

[91] Ad esempio in RABANO MAURO, *De universo*, XIX, V, in *P.L.* CXI, col. 510.

11,1). Con queste risultanze scritturali si accorda perfettamente l'interpretazione di Pasquazi[92] sul passo di *Par.* XXIX, 51 riferentesi alla caduta di Lucifero e degli angeli ribelli che «turbò il suggetto d'i vostri alimenti» e che avvenne il terzo giorno della creazione, quello relativo alla nascita della vegetazione: il «suggetto» sarebbe dunque la terra resa feconda di frutti e di messi, a cui farà da contraltare la sterilità eterna di Satana, tralcio staccatosi dalla vite divina.

È possibile sostenere, come ha proposto Freccero, che Dante avesse in mente un albero particolare per la sua rappresentazione di Satana? Certo il sicomoro è un ottimo «candidato»: oltre agli esempi forniti dallo studioso americano, si può aggiungere quanto afferma Rabano Mauro sulla «ficus fatua» come simbolo di «vana scientia»,[93] e soprattutto l'analogia offerta dal *Physiologus*, sulla base di *Amos*, 7, 14, tra Cristo e il sicomoro: inciso il primo giorno, il terzo diviene cibo per tutti gli insetti che hanno vissuto sino a quel momento, al suo interno, nelle tenebre.[94] Sarah Spence propende invece per l'identificazione dell'albero del *Vexilla regis* con la mirra, che, attraverso la Mirra ovidiana, permette di legare la figura di Lucifero anche alla Vergine, o meglio, ad un suo aspetto sottaciuto nei Vangeli; la madre di Adone cioè «is the part of Mary wich allowed her to give birth to a mortal who dies», mentre Lucifero «that part of Christ that was crucified».[95] In assenza di precisi riferimenti testuali tuttavia, ritengo sia preferibile rinunciare ad un'identificazione precisa, ed

---

[92] S. Pasquazi, *Sulla cosmogonia di Dante*, cit., p. 145.

[93] Rabano Mauro, *De universo*, XIX, VI, in *P.L.* CXI, col. 513.

[94] *Il Fisiologo* (cito dall'ed. a cura di F. Zambon, Milano, Adelphi, 1975, pp. 84-85). Ricordo poi che nel *Fiore* è detto di Falsembiante: «il su' bordon non fu di secomoro, / ma di gran falsità ben ripulita»; in nota, Contini evoca proprio il passo di *Luca* 19, 4 relativo a Zaccheo su cui Freccero ha fondato la sua lettura di Lucifero (Dante Alighieri, *Opere minori* I/1, Milano-Napoli, Ricciardi, 1984; *Il Fiore*, a cura di G. Contini, p. 696, CXXXV, vv. 5-6).

[95] L'interpretazione della mirra come simbolo dell'espiazione delle colpe dell'uomo da parte di Cristo prende le mosse dall'episodio di *Marco*, 15, 23; la

assumere che il poeta abbia inteso semplicemente evocare il nesso tra albero e croce contenuto nel *Vexilla regis*: nesso che nelle Scritture e nella tradizione interpretativa conduce sì al sicomoro e alla mirra, ma anche, con eguale pregnanza, alla palma, al cedro, al fico, all'ulivo, al cipresso, al melo e al salice.

I.3. *Crux diaboli*

Con queste premesse possiamo ora muovere ad un'analisi più dettagliata del Lucifero dantesco, introdotto nel canto XXXIV con la «citazione» «Vexilla regis prodeunt inferni».[96] Si tratta, come oramai è noto, dell'*incipit* dell'inno di Venanzio Fortunato composto in occasione del trasferimento di una reliquia del sacro legno a Poitiers nel 568-'69, ottenuta da santa Radegonda per

---

mirra accompagna il Redentore anche nel sepolcro (*Giovanni*, 19, 39): cfr. Ubertino da Casale, che evoca i «myrrhata suspiria» della Vergine davanti al Figlio morto (*Arbor vitae crucifixae Iesu*, ed. C.T. Davis, Torino, Bottega d'Erasmo, 1961, – rist. anast. dell'ed. Venetiis, Andrea de Bonettis, 1485 –, p. 337/b). Bisogna poi aggiungere che, attraverso Ovidio, *Met.* XV, 399 (particolare che ritroviamo in *Inf.* XXIV, 111), la mirra viene a costituire l'elemento di giuntura con l'interpretazione cristologica della fenice, in quanto presente nel nido che le farà da tomba.

[96] G.Gorni ha notato che esiste una progressiva affermazione del volgare sul latino negli *incipit* dei canti finali delle tre cantiche (*Il nodo della lingua e il verbo d'amore. Studi su Dante e altri trecentisti*, Firenze, Olschki, 1981, p. 167). Ecco il testo dell'inno: «Vexilla regis prodeunt, / fulget crucis mysterium, / quo carne carnis conditor / suspensus est patibulo. // Confixa clavis viscera / tendens manus, vestigia / redemptionis gratia / hic immolata est hostia. // Quo vulneratus insuper Mucrone diro lanceae, / ut nos lavaret crimine, / manavit unda et sanguine. // Impleta sunt, quae concinit / David fideli carmine / dicendo nationibus: / regnavit a ligno Deus. // Arbor decora et fulgida, / ornata regis purpura, electa digno stipite / tam sancta membra tangere, // beata cuius brachiis / pretium pependit saeculi, / statera facta est corporis / praedam tulitque Tartari. // Fundis aroma cortice, vincis sapore nectare, / iucunda fructu fertili / Plaudis triumpho nobili. // Salve ara, salve, victima, / De passionis gloria, / qua vita mortem pertulit / et morte vitam reddidit» (*Analecta hymnica medii aevi* – d'ora in avanti *AHME* – ed. G.M. Dreves-C. Blume, Minerva, Frankfurt am Main, 1961 - rist. dell'ed. 1886-1922 -, voll. 55; vol. 50, p. 74).

intercessione di Sigiberto I.[97] È stato Singleton per primo a rilevare che l'inno si struttura sulla insistita sovrapposizione dell'immagine della croce con quella dell'albero, anche se poi lo studioso americano finiva per dedicare tutta la sua attenzione alla figura dello *psi* greco come cifra del *patibulum.*[98] Quello che, a mio parere, non è stato però a sufficienza sottolineato, è la natura dell'inno e la sua funzione nell'ambito liturgico. Innanzitutto si tratta di un inno *processionale* che il rito romano ha assegnato, come si è detto, alla «feria sexta parasceves», ovverosia al Venerdì Santo, giorno in cui la liturgia della parola è sostituita dalla cerimonia dell'adorazione della croce. In un primo tempo essa viene portata verso i fedeli al suono dell'antifona «Ecce lignum» e progressivamente scoperta del velo – a questo tratto della sequenza è assegnato l'altro celebre inno di Venanzio Fortunato, il *Pange lingua* –; poi, accompagnata dagli «improperia», ritorna all'altare mentre i fedeli intonano il *Vexilla regis.*[99] L'ipotesi che

---

[97] Sull'inno si veda innanzitutto J. SZÖVÉRFFY, *Venantius Fortunatus and the Earliest Hymns of the Holy Cross*, in «Classical Folio», XX, 1966, pp. 107-122. Per la tradizione innografica medievale vedi C. VOGEL, *Medieval Liturgy. An Introduction to the Sources*, The Pastoral Press, Washington D.C., 1986 (1° ed. 1981).

[98] C. SINGLETON, *La poesia della Divina Commedia*, cit., pp. 34 sgg; Freccero opta invece per il segno «Y» e per il relativo immaginario dell'Ercole al bivio (*Dante*, cit., pp. 65 e 114); va aggiunto tuttavia che lo *psi* ha dalla sua, nella nostra prospettiva di lettura, un legame diretto con la simbologia battesimale: per la benedizione dei fonti battesimali, il celebrante infatti soffia questa lettera sull'acqua (H. RAHNER, *Miti greci nell'interpretazione cristiana*, Bologna, Il Mulino, 1971, 1ª ed. or. 1957, p. 100).

[99] G.P. ROPA, *Il preludio medievale all'adorazione della croce nel Venerdì Santo. Problemi storici*, in *Miscellanea liturgica in onore di Sua Emin. il card. Giacomo Lercaro (...)*, vol. I, Roma-Paris-Tournai-New York, Desclée & C., 1966, pp. 609-659. Il riferimento al «vexillum» diverrà ben presto topico; si veda ad esempio la *praefatio* al rituale della *benedictio crucis novae* nel *Pontificale Romanum* del sec. XII: «Te supplices exoramus, ut hoc singulare signum, quod ad exemplum primum illius sacratissimi vexilli de pretioso filii tui sanguine triumphali fidelium tuorum devotione compactum est, coelesti tua benedictione sanctificare digneris» (*Le Pontifical romain du XII siècle*, a cura di M. Andrieu, Città del Vaticano, Bibl. Apostolica Vaticana, 1940, pp. 204 sgg).

qui si avanza è che il poeta, attraverso la citazione del *Vexilla regis*, abbia inteso ricostituire all'interno del proprio viaggio la sequenza liturgica crocefissione-morte-sepoltura-resurrezione (battesimo), anche se, stando alla datazione tradizionale dell'8 aprile come giorno di partenza, non avrebbe fatto coincidere col *Vexilla* il Venerdì ma il Sabato: si rendeva necessario tuttavia, in questa prospettiva, sovrapporre l'itinerario infernale al momento della sepoltura di Cristo; in secondo luogo, ed è ovvio, nel caso di Satana non di vera crocefissione si tratta, ma di una sua grottesca scimmiottatura.

Una delle conseguenze più notevoli di un simile approccio è che al centro della rappresentazione dantesca di Lucifero non appare tanto la Trinità, come solitamente si ritrova nei moderni commenti, quanto una deformazione della figura di Cristo crocefisso. L'osservazione sembra confermata dal carattere particolare del «vexillum» che, come ha notato con la consueta finezza Pézard[100] chiude una rassegna che aveva avuto il suo esordio con la «'nsegna» degli ignavi (*Inf.* III, 52) – e che proseguirà, possiamo aggiungere, con le «insegne» dei candelabri nella visione dell'Eden (*Purg.* XXIX, 154) –. A parte le motivazioni più strettamente liturgiche, si può sostenere con una certa sicurezza che Dante intendesse porre proprio una croce al centro del suo «vessillo»: è la leggenda del ritrovamento del sacro legno a fornire la giustificazione più significativa al riguardo. Dopo un sogno premonitore, Costantino pone il segno della croce sulle insegne ed ottiene così una vittoria travolgente sui propri nemici: è l'evento che segna la conversione e l'inizio delle ricerche della santa reliquia da parte della madre Elena.[101] A questo episodio leggendario fa riferimento la tradizione innografica, (ad esempio

---

[100] A. PÉZARD, *Le dernier chant de l'Enfer*, cit., p. 415

[101] Tra le tante testimonianze, si veda ad esempio ONORIO AUGUSTODUNENSE, *De inventione sanctae crucis*, in *P.L.* CLXXII, col. 947-948.

l'inno *Crux tua, Christe, salus hominum*),[102] la quale celebra allo stesso modo la vittoria dell'imperatore d'Oriente Eraclio sul sassanide Cosroe II, che nel 614 aveva saccheggiato Gerusalemme: Eraclio restituisce solennemente al culto, sedici anni dopo, quella che viene salutata come la vera croce. Va rilevato inoltre che nello stesso *Vexilla regis* è detto «regnavit a ligno Deus», secondo un'interpolazione dal *Salmo* 95, 10,[103] ossia che Cristo governa dalla croce; passo prefigurato almeno da *Isaia* 11, 10: «Radix Iesse qui stat in signum populorum». Goffredo di Viterbo nel *Pantheon* conferma, tra gli altri, la diffusione di questo motivo simbolico, erigendo tale segno a «caput imperii»: «Crux datur imperio speciali iure ferenda, / Quippe vicem Christi tenet hic ad regna tuenda, / Et gerit in terris signa colenda crucis».[104] Anche Ubertino da Casale, riprende il tema del vessillo-Cristo, attraverso una notazione – puntualmente segnalata da Freccero – che pare smentire coloro che nell'accenno ai tre colori del Lucifero dantesco vedono un riferimento cogente alla dimensione trinitaria:

> Vide eum, tue peregrinationis tricoloratum vexillum: candor enim carnis virgineae et nigredo livida flagellorum et rubor cruori effusi, ipsum tibi tricoloratum ostendunt.[105]

---

[102] In particolare i vv. 25-29: «Ecce figura crucis medio / enituit rutilante polo / claraque vox super intonuit: / "Vince per hoc, pie caesar!"» (*Hymni latini medii aevi*, ed. F.J. Mone, Bologna, Forni, 1969, rist. anast. dell'ed. 1853-1855, I, 134); inoltre i vv. 31-34 dell'inno *Salve crux, vitae praeclara*: «Crux est nostrae / libra iustitiae, / sceptrum regis, / virga potentiae» (*Hymni latini*, cit., I, 142). Data la fortuna liturgica dell'inno di Venanzio Fortunato, i riferimenti al «vessillo» nella tradizione innografica relativa alla croce ben presto si moltiplicano: *Vexillum regis venerabile* (*AHME*, 50, 74); *Prodeunt vexilla* (*AHME*, 34, 29); *Vexilla Christi refulgent* (*AHME*, 39, 21); *Salve caelestis vexillum regis* (*AHME*, 48, 183).

[103] Cfr. B. Leoni, *La croce e il suo segno. Venerazione del segno e culto della reliquia nell'antichità cristiana*, Verona, S.A.T., 1968, p. 48.

[104] Goffredo di Viterbo, *Pantheon*, XIX («De regalibus insignibus» [...]), in *P.L.* CXCVIII, col. 1007.

[105] Ubertino da Casale, *Arbor vitae*, cit., p. 317/a; cfr. G. Potestà, *Il simbolo dell'albero*, in *Storia ed escatologia in Ubertino da Casale*, Milano, Ed. di

Alcuni, tra cui Pézard,[106] hanno scorto un fondo ironico nell'*incipit* del canto XXXIV, specialmente per la vistosa contraddizione tra un verbo come «prodeo» e l'immobilità di Lucifero, mentre altri[107] hanno preferito interpretare questo approssimarsi non tanto in senso spaziale quanto temporale, cioè come segno della imminente venuta di Gog e Magog e dell'Anticristo: ritroveremmo così anche in questo caso il millenarismo dei canti finali del *Purgatorio*. Alla luce di quanto siamo venuti dicendo tuttavia, entrambe le interpretazioni sembrano difficilmente sostenibili. In primo luogo non c'è alcun bisogno di presupporre un riferimento temporale, che peraltro mette in gioco un elemento che non trova alcuno sviluppo nel prosieguo del canto: è la figura stessa della croce nella processione del Venerdì Santo che giustifica infatti il paradosso del «movimento immobile» di Lucifero. Presupporre poi un'intenzione ironica nella rappresentazione di quello che abbiamo visto essere il punto più cruciale del viaggio dantesco non mi pare consono al clima grottesco che la densa cortina dei riferimenti simbolici contribuisce a creare; siamo al centro, cioè davanti all'altare, della Babilonia infernale:[108] l'uma-

---

Comunità, 1980, pp. 234-261. La presenza di spunti gioachimiti nella *Commedia* è questione assai controversa, e a tutt'oggi irrisolta; si vedano in proposito: G. Russo, *Gioacchino e Dante*, in *Bibliografia gioachimita*, Firenze, Olschki, 1954; A. Piromalli, *Gioacchino da Fiore e Dante*, in *Letture classensi*, 1, Ravenna, Longo, 1966, pp. 121-170; E.G. Gardner, *Dante and the Mystics. A Study of the Mystical Aspect of the Divine Comedy and its Relations with some of its Mediaeval Sources*, London-New York, J.M. Dent - E.P. Dutton, 1913; A. Donini, *Appunti per una storia di Dante in rapporto al movimento gioachimita*, in «Annual Reports of the Dante Society», 47-48, 1930, pp. 49-69; L. Tondelli, *Da Gioacchino a Dante: nuovi studi - consensi e contrasti*, Torino, S.E.I., 1944; C.T. Davis, *Dante and the Idea of Rome*, Clarendon Press, Oxford, 1957; M. Damiati, *Dante. L'universo francescano e Ubertino da Casale*, in «Studi francescani», 86, 1989, pp. 11-36.

[106] A. Pézard, *Le dernier chant de l'Enfer*, cit.

[107] S. Pasquazi, *Inferno, canto XXXIV*, cit., p. 623

[108] Chi sostiene, con buoni argomenti, la connotazione di Dite come di una Gerusalemme stravolta è A.K. Cassell, *The Tomb, the Tower and the Pit*, cit.

nità è stata totalmente bandita, e non c'è oramai più spazio per l'atmosfera concitata e «basso-mimetica» di Malebolge. Anche Lucifero, oltre ad essere «re» come Cristo, è «imperatore» (*Inf.* XXXIV, 28): con la consueta simmetria, le altre sei occorrenze della parola fanno riferimento in tre casi a Dio stesso (*Inf.* I, 124; *Par.* XII, 40; *Par.* XXV, 41) e, nei rimanenti tre, a personaggi storici come Traiano (*Purg.* X, 76), Corrado III di Svevia (*Par.* XV, 179) e Rodolfo d'Asburgo (*Purg.* VII, 94). Lucifero tuttavia è imperatore nel senso che sopra di lui si esercita al massimo grado la punzione divina; e «princeps» in quanto rappresenta la quintessenza del caos, della tomistica «inordinata voluntas» infernale, dell'errore e della menzogna.

A rafforzare l'immagine della crocefissione è poi la citazione del verso 6 del «molin che vento gira», altra analogia carica di implicazioni mitiche. Il mulino infatti appare in età medievale, soprattutto nelle saghe finniche e norrene, come una delle varianti più significative della simbologia infausta della ruota, che testimonia, come ben ha mostrato la Riemschneider, uno degli sviluppi più significativi dell'equivalenza fecondità vegetale-morte; ruota e croce, come si è visto, sono intimamente legate: la croce entro la ruota significa appunto vittoria sulla morte del Cristo. Il valore negativo del simbolo si ripropone in *Matteo* 18, 6:

> Qui autem scandalizaverit unum de pusillis istis qui in me credunt, expedit ei ut suspendatur mola asinaria in collo eius et demergatur in profundum maris.

Il mulino dunque sarà nel Medioevo una delle dimore prescelte del demonio, ma nello stesso tempo il segno tangibile della terribile vendetta di Dio; un proverbio della fine del II sec. così recita: «I mulini di Dio macinano lentamente, ma macinano terribilmente fine».[109]

---

[109] M. Riemschneider, *La ruota degli inganni*, in *Miti pagani e miti cristiani*, Milano, Rusconi, 1973 (1ª ed. or. 1967), pp. 147-175, in particolare le pp. 158-

È difficile a questo punto, in un contesto quale è quello che si è delineato, non dar peso ad un passo, del resto marcato da anafora, come questo:

Quando noi fummo fatti tanto avante,
ch'al mio maestro piacque di mostrarmi
la creatura ch'ebbe il bel sembiante,
d'innanzi mi si tolse e fé restarmi,
«Ecco Dite», dicendo, «ed ecco il loco
ove convien che di fortezza t'armi»;

(*Inf.* XXXIV, 16-21)

che da un lato richiama il momento liturgico dell'antifona *Ecce lignum* nel rito dell'adorazione della croce; dall'altro il ben noto detto con cui Pilato consegna Gesù ai sommi sacerdoti (*Giovanni*, 19, 5). Sempre per lo stesso ordine di considerazioni, non sembra casuale il richiamo dantesco alle «braccia» di Satana del verso 31: Cristo in croce, diranno gli esegeti, stende le sue braccia a cingere amorevolmente l'intera umanità,[110] mentre Lucifero non può che graffiare rabbiosamente i tre massimi peccatori (*Inf.* XXXIV, 58-60). Altrove nella *Commedia* il significato positivo di «braccia» si lega di preferenza al tema purgatoriale del perdono, ad esempio nel caso di Manfredi:

Orribil furon li peccati miei;
ma la bontà infinita ha sì gran braccia
che prende ciò che si rivolge a lei;

(*Purg.* III, 121-123)

161; la citazione del proverbio è a p. 161; cfr. inoltre J. Freccero, *Dante*, cit., p. 231. Il binomio Demonio-mulino è analizzato da A. Wünsche, (*Der Sagenkreis vom geprellten Teufel*, Akadem. Verlag für Kunst und Wissenschaft, Wien, 1905, p. 38). Ancora A. Pézard ricorda il mulino-frantoio, più antico del mulino a vento, avente un albero-asse posto al centro della vasca percorsa da una mola verticale: è l'«arbre de molin» del *Pèlegrinage de Charlemagne* (XII sec.) (*Le dernier chant de l'Enfer*, p. 399n.).

[110] Lattanzio, *Divinae institutiones*, IV, 26, 36, in CSEL 19, 383.

similmente l'angelo portiere che invita Dante a salire i tre gradini «le braccia aperse, e indi aperse l'ale» (*Purg.* XII, 91): atteggiamento diametralmente opposto a quello del Malebranche della quinta bolgia «con l'ali aperte e sovra i piè leggero» (*Inf.* XXI, 33). In altro senso, Tommaso interpreta i frequenti accenni biblici al «braccio» di Dio come un'allusione alla sua infinita «virtus operativa»:[111] in Lucifero, al contrario, l'enormità degli arti contribuisce ad accrescere ancor più l'impressione di impotenza.

Ma le analogie stabilite dal canto XXXIV con la croce non sono ancora finite. Al verso 48 Dante istituisce una similitudine tra le ali di Lucifero[112] e le vele di una nave – di cui Anteo (che «come albero in nave si levò» *Inf.* XXXI, 145) può essere visto come prefigurazione –;[113] orbene, secondo una ben consolidata tradizione esegetica che va da Ippolito a Giustino, da Tertulliano a Massimo di Torino, Onorio Augustodunense, Pier Damiani e allo stesso Ubertino da Casale,[114] la croce di Cristo è l'albero della nave della Chiesa in mezzo ai flutti del mondo: l'immagine

---

[111] TOMMASO, *Summa theologiae*, I, qu.I, art.10.

[112] Il particolare delle sei ali sembra accostare il Lucifero dantesco all'interpretazione di Bernardo del primo angelo come Serafino, e non Cherubino (Tommaso, sulla base di *Ezechiele*, 28, 14) (cfr. S. PASQUAZI, *Inferno, canto XXXIV*, cit., p. 634 sgg): ciò rafforza ancor più il rapporto antinomico di Satana con la figura di Cristo «Seraph alatus» (vedi l'inno *O crux, frutex salvificus*, in *Hymni latini medii aevi*, cit., I, 150-'51 e la relativa trattazione di Ubertino da Casale nell'*Arbor vitae*).

[113] Ciò vale anche per Pluto: «Quali dal vento le gonfiate vele / caggiono avvolte, poi che l'alber fiacca, / tal cadde a terra la fiera crudele» (*Inf.* VII, 13-15).

[114] Cfr. J. DANIÉLOU, (*La teologia del giudeo-cristianesimo*, Bologna, Il Mulino, 1974, 1ª ed. or. 1958, p. 366 sgg) per Giustino, Ippolito e Tertulliano; MASSIMO DI TORINO, *De cruce Domini*, in *P.L.* LVII, col. 341; ONORIO AUGUSTODUNENSE, *De inventione sanctae crucis*, in *P.L.* CLXXII, col. 944; PIER DAMIANI, *Homilia de exaltatione sanctae crucis. Sermo XLVIII*, in *P.L.* CXLIV, coll. 765 sgg.; UBERTINO DA CASALE, *Arbor vitae*, cit., p. 340/a. Su questo tema cfr. H. RAHNER, *Das Kreutz als Mastbaum und Antenne*, in «Zeitschrift für Theologie und Kirche», LXXV, 1953, pp. 129-173.

tendeva anche a riferirsi, come ha mostrato Rahner, alla figura di Ulisse legato all'albero maestro di *Odissea* XII, 160-162, ed alla sua interpretazione cristologica[115]. Le testimonianze di questo particolare simbolismo abbondano sia nell'ambito della predicazione che in quello innografico: Costantino d'Orvieto, Luca di Bitonto, Jean d'Abbeville e Robert de Sorbon sono solo alcuni dei predicatori che hanno intessuto variazioni su questo tema,[116] mentre ritroviamo il nesso croce-nave sia nel *Pange lingua* di Venanzio Fortunato, sia in altri inni dello stesso soggetto come l'*Ave crux, lignum nobile* o l'*Arbor alta, crux beata.*[117] Filippo Villani nel suo commento ha del resto sottolineato come la metafora della navigazione perigliosa connoti l'intero percorso infernale, e ne ha colto i precedenti classici:

> Hanc infelicem vitam, in qua vivendo continuo morimur et moriendo vexamur, silve poeta noster assimilat; Homerus et Virgilius mari, inquietissimis commotionibus et procellis in aliqua parte sui continuo agitato, in quo Ulixes et Eneas, viri consummate virtutis, variis fluctuationibus et erroribus involuti, finem instructe longanimitas invenerunt; quorum imitando poeta inventiones dicit in principio secunde cantice
>
> Che lascia dietro a sé mar sì crudele.[118]

A torto il pellegrino nel prologo pensava di aver scampato definitivamente i pericoli dell'«acqua perigliosa» (*Inf.* I, 24): il viaggio era ancora lungo, e doveva approdare necessariamente a Lucifero.

---

[115] H. Rahner, *Miti greci nell'interpretazione cristiana*, cit., pp. 368 sgg.

[116] In proposito cfr. L.J. Bataillon, *Les images dans les sermons du XIII siècle*, in «Freiburger Zeitschrift für Philosophie und Theologie», 37/3, 1990, pp. 327-395.

[117] Dal *Pange lingua*, vv. 55-58: «Sola digna tu fuisti / ferre pretium saeculi, / atque portum praeparare / nauta mundo naufrago» (*AHME*, 50, p. 71); dall'*Ave, crux, lignum nobile*, vv. 5-6: «O crux, inter pericula / naufraganti tabula» (*AHME*, 43, p. 22); cfr. infine *Arbor alta, crux beata*, v. 5 (*AHME*, 43, p. 23).

[118] F. Villani, *Expositio*, cit., pp. 85-86.

Un'obiezione che potrebbe essere sollevata è quella di una scarsa pertinenza della croce nel regno infernale: a questa osservazione si può tuttavia contrapporre da un lato la tradizione della «crux diaboli», dall'altro quella del *descensus* di Cristo agli inferi, di cui fa menzione il *Vangelo di Nicodemo*, la cui influenza sulla *Commedia* è oramai certa.[119] Nel *descensus*, accolto già nel V secolo come articolo di fede, si ripropone la centralità del simbolismo della croce venendo a completare, per dir così, il ciclo esemplare della vita di Cristo che Gioacchino da Fiore rappresentava, come abbiamo visto, con una figura circolare, nella quale i punti cardinali marcavano l'alternanza luce-tenebre-luce. Dopo la Resurrezione, Cristo irrompe nell'Ade scardinandone i portali e consegna Satana in catene ad Inferno. Nella *Commedia*, un momento cruciale dell'itinerario infernale è senz'altro costituito dall'*impasse* patito dai due poeti alle porte della città di Dite: in quell'occasione i demoni guardiani prospettano addirittura la possibilità di trattenere Virgilio e di rimandare Dante indietro da dove era venuto («Sol si ritorni per la folle strada» *Inf.* VIII, 91); tutto è risolto, però, dall'intervento del messo celeste. Ritengo che i versi 64-72 del IX canto, sulla bufera provocata dall'arrivo dell'angelo, di là dalle evidenti suggestioni virgiliane, intendano alludere proprio al momento dell'ingresso trionfale di Cristo nell'Ade, peraltro ricordato anche attraverso il precedente riferimento alla «men segreta porta, / la qual senza serrame ancor si trova» di *Inf.* VIII, 125-26:

> E già venìa su per le torbide onde
> un fracasso d'un suon, pien di spavento,
> per cui tremavano amendue le sponde,
> non altrimenti fatto che d'un vento
> impetüoso per li avversi ardori,

---

[119] T. Bottagisio, *Della discesa di Cristo al limbo dei Santi Padri*, in *Il limbo dantesco: studi filosofici e letterari*, Padova, Tip. Ed. Antoniana, 1898, pp. 251-258; A.A. Iannucci, *Dante e il Vangelo di Nicodemo*, cit.

che fier la selva e sanza alcun rattento
li rami schianta, abbatte e porta fori;
dinanzi polveroso va superbo,
e fa fuggir le fiere e li pastori.

Sia nel *Vangelo di Nicodemo* che nelle derivate rappresentazioni sacre medievali come la *Discesa di Gesù all'inferno* di anonimo umbro (XIII sec.) rinveniamo poi l'equivalenza soteriologica tra albero della conoscenza del bene e del male e croce che abbiamo visto essere tanto significativa per il viaggio dantesco:

Voie sarete recomparate
per lo legno cruciato,
ch'eravate prima dannate
per lo legno già vetato;
o Adam, mo' pace sia
a te colla tua compagnia. [120]

In alcune versioni della leggenda Cristo, per manifestare il suo potere sul demonio, manda agli inferi il buon ladrone, Dymas, munito della croce che gli consentirà di superare indenne i terribili guardiani; [121] mentre nella versione latina B, dopo avere

---

[120] *Discesa di Gesù all'inferno*, in *Le sacre rappresentazioni italiane. Raccolta di testi dal sec. XIII al sec. XVI*, a cura di M. Bonfantini, Milano, Bompiani, 1942, p. 82; dopo aver consegnato Satana, questo è il discorso che Cristo rivolge a coloro che si trovavano imprigionati: «Venite tutti qui con me, voi che a causa dell'albero che costui ha toccato siete caduti nella morte, perché per mezzo del legno della croce, ecco, io di nuovo vi risollevo tutti» (*Vangelo di Nicodemo*, VIII (XXIV), ed. del testo greco a cura di M. Craveri, Torino, Einaudi, 1969, pp. 356-357).

[121] *Discesa di Gesù all'inferno*, cit., p. 80: «E se 'l guardiano non te lasse / entrare, glie mostra quisto segno, / e dì che Cristo t'ha mandato, / en segno de ciò quisto t'ha dato»; cfr. *Vangelo di Nicodemo*, ed. cit., pp. 357-'58; cfr. M. Lazar, *L'enfer et les diables dans le théâtre médiéval italien*, in AA.VV., *Studi di filologia romanza offerti a Silvio Pellegrini*, Padova, Liviana, 1971, pp. 233-249; cfr. anche G. Cocchiara, *Il diavolo nella tradizione popolare italiana*, Palermo, Palumbo, 1945.

incatenato Satana, il Redentore lascia piantata al centro dell'Ade la croce in segno di perenne vittoria sul male:[122] a questo punto non possono esserci più dubbi sul «segno di vittoria» (*Inf.* IV, 54) che Virgilio, evocando il *descensus*, attribuisce a Cristo all'ingresso del Limbo. Anche la tradizione innografica ha assorbito a vari livelli tale episodio; «per te [scil.: crux] Christus hoste strato, / inferno despoliato / ad se traxit omnia» recita ad esempio l'inno *Ecce arbor salutaris.*[123] Altri inni, come l'*Ab ore verbum prolatum nuntiante angelum* studiato da Szövérffy, contaminano il tema della crocefissione e discesa agli inferi con quello del Giudizio Universale, sulla base di un parallelismo discusso da Rabano Mauro, Cesario di Arles e Vincenzo di Beauvais:[124] il «signum» di Cristo che apparirà in cielo secondo *Matteo*, 24, 30 sarebbe appunto la croce, portata dagli angeli; in tal modo, anche nel Giudizio Finale si ripropone una «processione». È difficile a questo punto non legare, come del resto è già stato fatto,[125] l'arrivo del messo con la verghetta (*Inf.* IX, 76-90) al motivo della croce del *Vangelo di Nicodemo*, davanti a cui si spalancano le porte dell'inferno.

> Ahi quanto mi parea pien di disdegno!
> Venne a la porta e con una verghetta
> l'aperse, che non v'ebbe alcun ritegno
>
> (vv.88-90)

Nel segno della verghetta-croce dunque, prefigurazione del-

---

[122] *Vangelo di Nicodemo*, cit., p. 376: «Il Signore piantò la sua croce nel mezzo dell'inferno, ed essa vi rimarrà in eterno, simbolo di gloria».

[123] *Ecce arbor salutaris*, vv. 40-42: *Hymni latini medii aevi*, cit., I, 141.

[124] J. Szövérffy, «*Tuba mirum spargens sonum...*». *Some Peculiarities of a Holy Cross Hymn*, in *Psallat Chorus Caelestium. Religious Lyrics of the Middle Ages: Hymnological Studies and Collected Essays by J. Szövérffy*, Berlin, Classical Folia Ed., 1983, pp. 38-50.

[125] A.K. Cassell, *The Tomb, the Tower and the Pit*, cit., pp. 339 sgg.

l'imponente *crux diaboli* che chiuderà la prima cantica, si scioglie uno dei principali ostacoli alla prosecuzione del viaggio.

Quanto al tema della croce del Demonio, solitamente essa tendeva ad essere associata alla presenza del ladrone malvagio, e in tal caso le quattro dimensioni della croce erano riferite ai vizi propri di Lucifero, come accade nel *Claustrum animae* di Ugo di S. Vittore:

> In cruce (...) diaboli est altitudo, qua extollitur super omne quod colitur; profundum est desperatio (...); latitudo in carnalibus (...); longitudo vero pertinacia;[126]

anche Pier Damiani parla della «mortiferam crucem» caratterizzata da «superbia», «luxuria», «adversitatis desperatio» e «prosperatio iniquitatis».[127] Questa tradizione interpretativa sembra aver influenzato taluni commentatori antichi come Guido da Pisa, che discute il motivo della citazione dell'inno di Venanzio Fortunato evocando la presenza diretta del Demonio sulla scena della crocefissione:

> Si queratur vero quare Dantes tale initium dedit isti ultimo cantui infernali, est sciendum quod hoc fecit ad terrendum Luciferum. Lucifer enim, ut dicunt sancti, stetit in brachio crucis Christi quando ipse Christus, pro salute nostra, pendebat in cruce.[128]

Il motivo della *crux diaboli* ha potuto radicarsi per la carica paradossale del simbolo stesso: il Figlio di Dio prende su di sé la peggiore delle maledizioni:

> Quando peccaverit homo quod morte plectendum est et adiudicatus morti adpensus fuerit in patibulo, non permanebit cadaver eius in

---

[126] Ugo di san Vittore, *Claustrum animae*, in *P.L.* CLXXVI, col. 1083.

[127] Pier Damiani, *De exaltatione sanctae crucis*, in *P.L.* CXLIV, coll. 762 sgg.

[128] Guido da Pisa, *Expositiones et glose super Comoediam Dantis (...)*, a cura di V. Cioffari, State Univ. of New York Press, Albany-New York, 1974, p. 712.

ligno, sed in eadem die sepelietur, quia maledictus a Deo est qui pendet in ligno (*Deuteronomio* 21, 22-23)

Christus nos redemit de maledicto legis, factus pro nobis maledictum, quia scriptum est: *Maledictus omnis qui pendet in ligno*, ut in gentibus benedictio Abrahae fieret in Christo Iesu, ut pollicitationem Spiritus accipiamus per fidem (Paolo, *Galati* 3, 13-14).[129]

Per di più, in *Ezechiele*, 28, 12, un passo citato da Dante nell'*Epistola* XIII, 76,[130] Lucifero è chiamato «signaculum similitudinis»: «modello» dunque, ma anche, con *derivatio* comune a partire da Tertulliano, «segno della croce». La stessa «quaternità» insita nelle dimensioni della croce (*latitudo*, *longitudo*, *sublimitas* e *profundum*) che sulla base di Paolo, *Efesini*, 3, 18[131] era stata interpretata assegnando alle varie direzioni altrettante virtù, esemplificate dal sacrificio di Cristo, racchiudeva per Dante, come ha rilevato Sarolli,[132] anche il significato di un riferimento alla bestialità. Non bisogna dimenticare poi che per la tradizione alchemica medievale la croce inscritta in un cerchio (il medesimo segno che, lo abbiamo visto, rappresenta la vita di Cristo) denota l'insieme dei quattro elementi, identificati dalle coppie caldo-freddo e secco-umido.[133] Ancora una volta si ripropone, su un piano diverso, l'equivalenza croce-albero, perché nel manicheismo, come aveva denunciato Agostino nel *Contra Faustum* e secondo le accurate esposizioni di Severo d'Antiochia,[134] l'Albe-

---

[129] Questa accezione demonica della croce è ricordata da N. Frye, *Il grande codice*, cit., p. 198 sgg.

[130] *Epistola* XIII, 76, ed. cit., p. 638.

[131] Cfr. E.S. Greenhill, *The Child in the Tree. A Study in Cosmological Tree in Christian Tradition* in «Traditio», 10, 1954, pp. 323-371, pp. 357 sgg.

[132] Cfr. *Convivio*, IV, VII, 14: G.R. Sarolli, *Prolegomena alla Divina Commedia*, Firenze, Olschki, 1971, p. 271.

[133] La figura è riprodotta in T. Burkhardt, *Alchimia. Significato e visione del mondo*, Parma, Guanda, 1986 (1° ed. or. 1960), p. 71.

[134] Agostino, *Contra Faustum*, VI, 8, in *P.L.* XLII, col. 235: «(...) Ipsa prima corpora principum tenebrarum, ex arboribus ibidem natis tanquam vermi-

ro del Male, simbolo della materia generato da Satana, si moltiplica nei cinque alberi dei vizi. In testi dello gnosticismo come il *Trattato tripartito*, nell'Eden, accanto all'albero della vita (*elemento pneumatico*) e della conoscenza (*elemento psichico*) ne è menzionato un terzo, certo corrispondente alla materia (*elemento ilico*), conformemente al triforme principio di creazione del Logos.[135]

Ma si diceva della bestialità; aristotelicamente, ciò che la caratterizza è la distanza assoluta dalla facoltà razionale, in altre parole la sua prossimità allo stadio creaturale più bruto: quello della materia.

I.4. *Satana principe del caos*

Che il Lucifero dantesco si connoti attraverso l'ostentazione della materialità più ottusa, è osservazione che risale almeno al De Sanctis e condivisa dalla maggior parte dei moderni commentatori, da Vittorio Rossi a Vallone a Petrocchi.[136] Di solito però

---

culos opinantur [scil.: manichaei] exorta». Lo scritto di Severo d'Antiochia a cui si fa riferimento è la CXXIII° omelia: cfr. M.A. KUGENER - F. CUMONT, *Recherches sur le manichéisme. Extrait de la 123° homélie de Sevére d'Antiochie*, Bruxelles, H. Lamertine, 1912, II, 117; H.C. PUECH, *Le prince des ténèbre en son royaume*, in AA.VV., *Satan*, s.l., Desclée de Brouwer (Les Etudes Carmélitaines), 1948, pp. 136-174 (sulla relazione tra Albero della Morte e della Materia, pp. 151 sgg).

[135] Il *Trattato tripartito* fa parte del Codice I di Nag Hammadi: la sua traduzione italiana è pubblicata in *Testi gnostici*, a cura di L. Moraldi, Torino, U.T.E.T., 1982, pp. 350-427; il passo in questione è a p. 397.

[136] In F. De Sanctis: «Lucifero è immenso e stupido carname, il gradino infimo nella scala de' demonii. Il gigantesco è la poesia della materia; ma qui, vuoto inerte, è prosa» (*Storia della letteratura italiana*, cito dall'ed. a cura di M.T. Lanza, Milano, Feltrinelli, 1978, I, 202). G. Petrocchi annota significativamente che nella rappresentazione di Lucifero «la statua predomina sul simbolo» (*Il canto XXXIV dell'Inferno*, in *Lectura Dantis Scaligera. Inferno*, Firenze, Le Monnier, 1967, pp. 1203-1219); A. Vallone parla di «massa inerte e idiota» (*Il canto XXXIV dell'Inferno e l'estremo intellettualismo di Dante*, in *Nuove letture dantesche*, Firenze, Le Monnier, 1969, III, 189-208). La regolarità meccanica dei movimenti di Lucifero ha indotto R.Palgen ad evocare l'immagine della macchi-

si tende a mettere in relazione questo aspetto con la scultoreità visionaria del canto, che denuncerebbe una riuscita artistica incompleta, per l'influenza eccessiva esercitata sul poeta dalle proprie fonti.[137] Io credo invece – e spero di averlo sin qui in parte mostrato – che si possa estendere l'osservazione di Vallone sull'efficacia evocativa della citazione del *Vexilla regis* a tutta la descrizione di Lucifero, che ruota, e qui ha ragione la Spence,[138] su di un processo di referenza simbolica che si avvale di modalità non soltanto metaforiche ma anche metonimiche: un processo che consente al Demonio di essere sintesi di più campi semantici contigui (pipistrello[139] – ali/vele – nave, ecc.), riassu-

na da guerra, sulla base dei vv. 2391-2432 del *Roman des sept sages*: (*Dante's Luzifer: Gründzuge einer Entstehungsgeschichte der Komödie Dantes*, Max Hueber Verlag, München, 1969, p. 74 sgg).

[137] Questa è pure l'opinione di J. FRECCERO, *Dante*, cit., p. 227; T. Barolini invece tenta di conferire alla fissità descrittiva di Lucifero un valore strutturale: «Lucifero è rappresentato in maniera tale da ricordarci che il male è l'assenza del bene; da un punto di vista narrativo, quindi, Lucifero è deliberatamente trattato come non-impegnativo, non-coinvolgente, "non-presente", contro-culmine» (*Stile e narrativa nel basso inferno dantesco*, in «Lettere italiane», 2, 1990, 173-207; p. 206: ma si veda ora della stessa autrice *The Undivine Comedy. Detheologizing Dante*, Princeton Univ. Press, Princeton, 1992, pp. 97 sgg).

[138] S. SPENCE, *Myrrha, Myrrha in the Well*, cit., p. 16.

[139] Il pipistrello, secondo le narrazioni esopiane (CCLI e LXXV), si configura come un animale a metà strada tra un uccello e un topo e profondamente nemico della luce; se a ciò si aggiunge la connotazione negativa di *Isaia* 2, 20, è facile intuire come esso sia venuto a costituire la naturale antitesi dell'aquila: cfr. RABANO MAURO, *Allegoriae in Sacram Scripturam*, in *P.L.* CXII, col. 1026; ISIDORO DI SIVIGLIA, *Etymologiarum libri XX*, ed. cit., XII, VII, 36 (cfr. anche la novella XLV del pipistrello traditore nell'*Esopo toscano dei frati e dei mercanti trecenteschi*, a cura di V. Branca, Venezia, Marsilio, 1989, p. 198-200). Tra i commentatori antichi gli spunti più interessanti offre BENVENUTO DA IMOLA, *Comentum*, cit., I, 556: «Sicut (...) vespertilio proditor spoliatus plumis suis missus est in tenebram nocturnam ab aquila iuxta fabulam Aesopi, unde non audet apparere in luce; ita recte ipse Lucifer, qui prodidit Deum suum, et velut transfuga deseruit coelum, privatus gloria et luce sua, damnatus est ad tenebram aeternam inferni, et non volat nisi nocte, quia in occulto tentat (...)». Ricordo infine che il particolare delle ali di pipistrello come attributo dell'essere demoniaco si ritrova nel duomo di Siena e nel battistero di Pisa.

mibili nella coppia albero-croce, che, a sua volta, si risolve nella figura di Cristo.

A parte l'enormità della mole di Lucifero, la sua fissità ed apparente meccanicità, esistono naturalmente svariate giustificazioni dottrinarie per una descrizione dantesca tanto insistita sulla brutalità del «primo superbo». Prima di tutto, come abbiamo già sottolineato, la posizione di massima distanza da Dio colloca Lucifero, nella scala neoplatonica dell'essere, al gradino più basso, quello appunto dell *hyle*; ciò giustifica di conseguenza la sua passività: egli è re di un mondo totalmente privo di principio formale, come ricorda Guido da Pisa sulla scorta di una citazione agostiniana.[140] Il fatto che la creatura razionale sia condannata all'inferno con pene corporali, e dunque degradata ad un rango inferiore, spiegava Tommaso,[141] costituisce un aspetto della sua punizione. Che poi Calcidio e in genere i filosofi medievali traducessero *hyle* con «silva» è la riprova – se mai ce ne fosse stato bisogno, dopo quanto detto nelle pagine precedenti – della centralità della metafora arborea anche nel regno infernale. Un tassello ulteriore in direzione della rappresentazione dantesca è poi quello offerto nelle *Magnae derivationes* da Uguccione da Pisa che, oltre a fornire il consueto nesso *hyle-silva* aggiunge: «ab yle dictus est yleus, quidam gigans, propter confusionem et magnitudinem elementorum»:[142] come non rievocare a questo punto

[140] Guido da Pisa, *Expositiones*, cit., p. 719; la citazione dei demoni come «animalia omnino passiva» è condotta dal *De civitate Dei*, VII, 16.

[141] Tommaso, *Summa contra Gentiles*, IV, 90, 5 («Quomodo substantiae incorporeae patiantur ab igne corporeo»): «Est etiam conveniens damnati spiritus poenis corporalibus puniuntur. Omne enim peccatum rationalis creaturae ex hoc est quod Deo obediendo non subditur. Poena autem proportionaliter debet culpae respondere: ut voluntas per poenam in contrario eius affligatur quod diligendo peccavit. Est igitur conveniens poena naturae rationali peccanti ut rebus se inferioribus, scilicet corporalibus, quodammodo alligata subdatur».

[142] Cfr. *Inf.* XXXIV, 30-31; C. Riessner, *Die «Magnae derivationes» des Uguccione da Pisa und ihre Bedeutung für die Romanische Philologie*, Roma, Ed. di Storia e Letteratura, 1965, pp. 225-'26.

l'iperbolica comparazione di *Inf.* XXXIV, 30-31: «e più con un gigante io mi convegno / che i giganti non fan con le sue braccia»?.

Verso una caratterizzazione totalmente «materiale» di Lucifero sembra condurre anche il particolare dei famigerati tre colori delle facce, classicamente riferito all'antitesi degli attributi divini della somma potenza, sapienza e amore di *Inf.* III, 5-6,[143] e corrispondenti al Padre, al Figlio e allo Spirito Santo, ma variamente interpretati dai commentatori antichi: mentre il nero quasi sempre è associato all'ignoranza (a parte il riferimento all'accidia di Francesco da Buti),[144] l'impotenza è caratterizzata dal bianco/giallo per Iacopo Alighieri, l'Ottimo e Iacopo della Lana, dal rosso per Benvenuto da Imola e Guido da Pisa, per non parlare di altre oscillazioni, che tuttavia pare non imbarazzino più di tanto i moderni esegeti, solitamente fedeli all'interpretazione trinitaria (la natura triforme di Satana, da parte sua, non comporterebbe una particolare scelta innovativa da parte dantesca, ritrovandosi in alcune versioni del *Vangelo di Nicodemo*, oltre che nell'*Apocalisse di S.Severo*). Relativamente ai colori intanto, si potrebbe incominciare col dire che, da un certo punto di vista, essi sono quattro e non tre; anche se l'osservazione non ha alcun carattere probante, ricordo allora che bianco, giallo, rosso e nero sono per la medicina medievale i colori corrispondenti sia agli elementi sia agli umori del corpo umano, e cioè, rispettivamente acqua-flemma (freddo-umido), fuoco-bile gialla (caldo-secco), aria-sangue (caldo-umido) e terra-bile nera (freddo-secco). In più, come ha rilevato Freccero,[145] giusta la fondamentale enciclopedia di Bartolomeo Anglico, il bianco e il nero sono i due estremi in natura dello spettro che, al mutare della variabile calore, ha proprio il rosso come termine mediano. In questo senso acquista un rilievo

---

[143] A. Vallone, *Il canto XXXIV dell'Inferno*, cit., pp. 199 sgg.
[144] Francesco da Buti, *Commento*, cit., I, 854.
[145] J. Freccero, *Il segno di Satana*, cit, p. 235.

meno peregrino l'antica ipotesi di Lombardi, Cesari e del Lungo, ora riproposta dallo Stabile[146] che le tre teste di Lucifero corrispondano al «mundus tripertitus» della geografia orosiana,[147] tradizione a cui Dante espressamente fa capo in *Monarchia*, II, III, 8; e, più precisamente, la sinistra all'Africa, la centrale all'Europa e la destra all'Asia: in tal modo, colori e direzione delle facce creerebbero una corrispondenza estremamente significativa tra piano del microcosmo e del macrocosmo. Ma non è ancora tutto. I «colori della materia» costituiscono pure il termine corrispondente ai quattro elementi combinati nell'*Opus* alchemico: un'operazione che viene rappresentata attraverso l'iconografia dell'albero della materia, i cui frutti sono appunto bianchi, gialli, rossi e neri.[148] Quello che si intende proporre non è tanto una attardata lettura esoterica del passo dantesco, quanto il fatto che Lucifero costituisca il compendio della materialità più bruta non soltanto dal punto di vista teologico, ma anche da quello

---

[146] Cfr. A. VALLONE, *Il canto XXXIV dell'Inferno*, cit., pp. 198 sgg., e ultimamente G. STABILE, *Cosmologia e teologia nella Commedia*, cit., p. 156n. La prima menzione, nella sua articolazione più completa, spetta a BALDASSARRE LOMBARDI (*La Divina Commedia di Dante Alighieri corretta, spiegata e difesa dal P. B. Lombardi*, Roma, Stamperia De Romanis, 1815, I, 478-479), che così giustifica la posizione dei colori: «Supponendosi scesi i poeti nell'Inferno dall'Europa, ed avendo nell'atto stesso dell'obliquo scendere al fondo compiuto un giro intorno alla falda del medesimo Inferno, consiegue che il presente luogo onde miravano Lucifero fosse dalla parte medesima del luogo onde incominciato avevano la discesa, dalla parte cioè dell'Europa. Essendo adunque Lucifero, come dal discorso apparisce, volto ver loro, veniva ad esser volto verso Europa; ed essendo dal centro in cui stava volto verso Europa, doveva necessariamente avere l'Asia a destra e l'Africa a sinistra». Così pure ANTONIO CESARI (*Bellezze della Divina Commedia. Dialoghi*, Verona, Tip. di Paolo Libanti, 1825, I, 649 sgg) e ISIDORO DEL LUNGO (*Dante. Prolusioni alle tre cantiche e commento all'«Inferno»*, Firenze, Le Monnier, 1921, p. 348).

[147] PAOLO OROSIO, *Historiarum adversus paganos libri VII*, 2, 1, 1 sgg.

[148] Si vedano le osservazioni di C.G.Jung sull'albero alchemico di Abū-'l Qā'sim (XIII sec.): *Contributi alla storia e all'interpretazione del simbolo dell'albero* (1945), in *Opere*, Torino, Boringhieri, 1988, vol. 13, pp. 297-367; cfr. p. 326 sgg.

della scienza ufficiale (e non) del medioevo. Esiste inoltre un ulteriore aspetto legato alla materialità di Satana che qui preme sviluppare. Come si è detto, la condizione più lontana dell'organismo vivente dallo stadio superiore dell'essere, quello razionale, appare l'anima vegetativa, caratteristica delle piante; secondo Aristotele, la funzione principale della facoltà vegetativa è la nutrizione, ed il conseguente accrescimento.[149] Ma quali sono le azioni che il pellegrino vede compiere al gigante Lucifero? Muovere le ali, piangere,[150] graffiare e soprattutto *masticare*, segno della «fames antiqua» dell'uomo dopo il peccato di Adamo a cui, secondo Ambrogio,[151] ha messo fine il sacrificio di Cristo. Quello del cibo è un tema che acquisisce negli ultimi canti dell'*Inferno* un andamento martellante, a riprova della centralità della dimensione eucaristica (rovesciata di segno), dunque anticristologica, insita nella figura di Satana, e riprendendo il motivo scritturale[152] del mondo infernale come ventre dell'essere demoniaco. Così il pozzo del Cocito può essere non soltanto *uterum*, ma anche cloaca, «cucina matrice», «orifizio deputato alla deiezione»,[153] e Lucifero, nella sua masticazione annichilatrice, riassumere in forma sublimata i tratti «gastronomici» dei demoni di Malebolge;[154] anche il vento prodotto dalle sue ali può essere considerato

---

[149] ARISTOTELE, *De anima*, II, 4, 415 A 20 sgg.

[150] Ovvio il riferimento a *Matteo*, 8, 12 («ibi erit fletus et stridor dentium»), ma varrà pure, per la solita logica paradossale, il pianto di Cristo sulla croce.

[151] AMBROGIO, *Explanatio Psalmi XXXV, 3*, in CSEL 64/IV, p. 51; cfr. R. DURLING, *Deceit and Digestion in the Belly of Hell*, in AA.VV., *Allegory and Representation* (Selected Papers from English Institute, 1979-80, new series, 5), a cura di S.Greenblatt, The John Hopkins Univ. Press, 1981.

[152] Cfr. *Giona*, 2, 3: «De ventre inferni clamavi et exaudisti vocem meam».

[153] P. CAMPORESI, *Carnevale all'inferno*, in *Il paese della fame*, Bologna, Il Mulino, 1985 (1ª ed. 1978), pp. 23-48; p. 33; Lucifero viene da Camporesi giustamente eretto a «simbolo del rapporto alimentazione-digestione». Cfr. dello stesso autore, sull'elemento corporeo nella rappresentazione infernale, *La casa a tre piani*, in *La casa dell'eternità*, Milano, Garzanti, 1987, pp. 15-40.

[154] In tal senso P. Camporesi osserva come assimilabili ad «utensili di

in questo senso la versione ingigantita, disumanizzata del gesto osceno di Barbariccia (*Inf.* XXI, 139).[155] Se poi tale accostamento sembrasse a qualcuno troppo attualizzante e psicoanalitico, non rimane che consigliare la lettura di una pagina del *De contemptu mundi*, nella quale si rivela limpidamente, ancora una volta, la centralità del motivo dell'aridità vegetale all'interno del nesso digestione-putrefazione-parto:

> Sed attende quo cibo nutriatur conceptus in utero: profecto sanguine menstruo, qui cessat ex femina post conceptum, ut ex eo conceptus nutriatur in femina. Qui fertur esse tam detestabilis et immundus, ut ex eius contactu fruges non germinent, arescant arbusta, moriantur herbe, amittant arbores fetus (...). Concepti fetus vitium seminis contrahunt, ita ut leprosi et elephantici ex hac corruptione nascantur.[156]

Lucifero, afferma Camporesi,[157] della fisionomia di Giano-Kronos-Saturno ha conservato solo l'aspetto negativo: sembra che, a differenza dalle visioni medievali e dell'affresco di Giotto nella Cappella degli Scrovegni, in lui l'eterno ciclo di distruzio-

---

cucina» siano i «graffi» «raffi», «runcigli» e «uncini» in mano ai diavoli di Malebolge; inoltre come l'aggettivo «dolenti», riferito a Bruto, Cassio, e Giuda, si ritrovi nella descrizione dei barattieri lessati nella pece (*Inf.* XXI, 135) (*Carnevale all'inferno*, cit., pp. 33 e 35).

[155] Simbolo, nella cultura carnevalesca del medioevo, di un parto degenerato (la nascita di un contadino o di un selvaggio ad esempio), con la complicità della teoria pneumologica dell'anima.

[156] INNOCENZO III, *De miseria humanae conditionis*, cito dall'ed. a cura di M. Maccarrone, Lucani, Thesauri Mundi, 1955, pp. 11-12 (caput IV: *Quali cibo conceptus nutriatur in utero*).

[157] P. CAMPORESI, *Carnevale all'inferno*, cit., pp. 36 sgg; ma cfr. J. BALTRUŠAITIS, *Il medioevo fantastico*, cit., pp. 60 sgg. Sulle rappresentazioni di Satana nell'arte medievale cfr. O. ERICH, *Die Darstellung des Teufels in der christlichen Kunst*, Kunstverlag, Berlin, 1931; J. LEVRON, *Le diable dans l'art*, Paris, Picard, 1934; E. CASTELLI, *Il demoniaco nell'arte. Il significato filosofico del demoniaco nell'arte*, Milano-Firenze, Electa, 1952; R. VILLENEUVE, *Le Diable dans l'art. Essai d'iconographie comparée à propos des rapports entre l'art et le satanisme*, Paris, Ed. Denoël, 1957.

ne/ingestione e rigenerazione/parto sia bloccato, reso univoco dalla messa in opera esclusiva della prima fase. Eppure abbiamo visto che una forma metaforica di parto, attraverso il riferimento alla simbologia battesimale, Lucifero la consente: Dante non fa che prelevare un tema pagano e, cristianizzandolo, non lo cancella ma lo rende implicito; ne potenzia in tal modo la complessità teoretica rispetto alle fonti e conferisce ad esso una funzionalità poetica di intensità straordinaria.

Ma torniamo al motivo del cibo nell'ultima parte dell'itinerario infernale. Abbiamo innanzitutto l'implacabile «referto» dei seminatori di scandalo:

> Tra le gambe pendevan le minugia
> la corata pareva e 'l tristo sacco
> che merda fa di quel che si trangugia;
>
> (*Inf.* XXVIII, 25-27)

poi il banchetto omicida di frate Alberigo (*Inf.* XXXIII, 118-120); infine l'accenno di *Inf.* XXXIII, 141 relativo a Branca Doria che «mangia e bee e dorme e veste panni». Tutto ciò senza contare la grande epopea dell'episodio di Ugolino, dove il nesso cibo-morte gioca un ruolo determinante proprio in prospettiva cristologica, come ha mostrato tra gli altri Freccero:[158] ecco l'accenno al «pane» di XXXII, 127 e XXXIII, 39; le «agute scane» del sogno premonitore a XXXIII, 35; «manduca», «manicar», «mangi» a XXXII, 127 e XXXIII, 60 e 62; «pasto» e «fame» a XXXIII, 1 e 23; poi, in una sorta di tremenda *climax*, «le man (...) mi morsi» (XXXIII, 58); «misere carni» (XXXIII, 63) e il conclusivo «digiuno» (XXXIII, 75) che segna la fine del racconto precedendo immediatamente la nuova trasformazione del dannato, che riprende a rodere «caninamente» il teschio di

---

[158] J. Freccero, «"*Bestial segno*" *e* "*pan de gli angeli*"» (1977), in *Dante*, cit., pp. 211-226.

Ruggieri. Ugolino dunque, scegliendo la bestialità cieca dettata dall'impulso a nutrirsi (cioè dalla facoltà vegetativa), ha ignorato la possibilità di salvezza offertagli dallo spontaneo sacrificio dei figli posti in quella circostanza, osserva Dante, «a tal croce» (XXXIII, 87): egli costituisce dunque il miglior preludio possibile all'apparizione di Lucifero. Tramite perfetto fra le due figure (un'umanità massimamente degradata ed il principio stesso dell'abbruttimento), è Branca Doria, in vita niente altro che un corpo posseduto da un demonio, ovvero un involucro completamente destituito di umanità e di vita spirituale. È come se, avvicinandosi a Satana, Dante assistesse ad una regressione di tipo «creaturale» del mondo infernale: tutto ciò fin dalla fallace visione dei giganti, «animali» per cui «Natura (...) lasciò l'arte» (*Inf.* XXXI, 49) da tempo immemorabile, «"dinosauri" dell'umanità», nelle suggestive parole della Risset. Sia i giganti che Lucifero producono nel pellegrino una prima, erronea impressione, quella di trovarsi di fronte a qualcosa di inanimato: delle torri, un mulino (*Inf.* XXXI, 20 e XXXIV, 6-7); in entrambi i casi, Dante è costretto, per poter discernere la visione reale, ad approssimarsi agli oggetti fissati come un miope: Cocito non consente nulla se non un itinerario a tastoni, come suggeriscono le parole di Virgilio:

(...) Però che tu trascorri
per le tenebre troppo da lungi,
avvien che poi nel maginare abborri.
Tu vedrai ben, se tu là ti congiungi,
quanto 'l senso s'inganna di lontano;

(*Inf.* XXXI, 22-26)

Per il canto XXXIV, stesse modalità: soltanto «Quando noi fummo fatti tanto avante» (v.16) Virgilio offre al discepolo la terribile visione del Nemico. Vista sotto questa luce, dal momento che Lucifero appare come la quintessenza del caos materico, l'uscita di Dante dal «pertugio tondo» può ben rappresentare non soltanto la nascita dell'*homo novus*, ma anche il passaggio da uno stadio «bruto» caratterizzato dalla facoltà vegetativa e sensitiva, ad uno di piena consapevolezza, proprio della facoltà razionale, che permette appunto al pellegrino un immediato orientamento spazio-temporale e la coscienza di una progettualità all'interno del proprio itinerario.

Se dunque è la metafora vegetale ad incarnare per molti aspetti la materialità del mondo infernale e di Lucifero, la selva dei suicidi – che peraltro si connota pure, lo abbiamo visto, per la simbolica aridità – dovrebbe essere il luogo privilegiato di una sua prefigurazione. Molti commentatori antichi hanno giustificato la scelta dantesca degli sterpi con un ragionamento per esclusione: chi, avvalendosi della ragione, decide di privarsi dell'anima sensitiva, è destinato ad essere rappresentato nei termini di una creatura a cui è rimasta soltanto la facoltà vegetativa, ovvero una pianta.[159] Anche questo peccato muove principalmente dalla superbia, che spinge l'individuo ad ergersi a giudice assoluto di sé stesso, in definitiva a sostituirsi a Dio; inoltre, il fatto che la conseguenza del suicidio precipiti i peccatori dalla migliore condizione dell'esistenza individuale (la razionale) alla peggiore (la vegetale), li avvicina indubbiamente a Lucifero, caduto peraltro il terzo giorno della creazione, quello dell'origine della vegetazio-

---

[159] *Commento alla Divina Commedia d'Anonimo fiorentino del sec. XIV*, a cura di P. Fanfani, Bologna, G. Romagnoli, 1866, I, 315 sgg: «Questi cotali adunque, i quali si sono privati della propria vita, si può dire non avere anima razionale, però che l'anima razionale si conosce e discerne sé medesima, et mai non consente a torsi il corpo (...). Ancora si può dire questi cotali non avere avuta anima sensitiva, ciò è feciono operazione per modo che non pare che abbino avuta anima sensitiva; ché ogni animale, quando altri il percuote o ferisce, gli duole, et schifa et fugge quanto puote. Costoro, mostrando non dolere loro la morte, mostrono non avere anima sensitiva: sì che si può conchiudere avere costoro solamente anima vegetativa, come hanno gli arbori»; cfr. Iacopo Alighieri, *Chiose all'Inferno*, a cura di S. Bellomo, Padova, Antenore, 1990, pp. 137 sgg.; *L'Ottimo commento della Divina Commedia (...)*, Pisa, N. Capurro, 1827, I, 236; Benvenuto da Imola, *Comentum*, I, 424.

ne.[160] Bisogna poi aggiungere che la scelta di rappresentare i suicidi nel mondo infernale era stata compiuta da Dante in quasi totale solitudine rispetto alla letteratura di viaggio oltramondano:[161] segno di una particolare volontà di inserire l'episodio nel quadro della prima cantica. Significativa in questo senso è la ripresa del termine «graffiare», azione propria sia della rabbiosa impotenza di Lucifero sia dell'involontaria flagellazione dei suicidi, oltre che di Cerbero, descritto dal poeta come creatura – si noti – dal «ventre largo» (*Inf.* XVI, 18):[162]

> A quel dinanzi il mordere era nulla
> verso 'l graffiar, che tal volta la schiena
> rimanea de la pelle tutta brulla.
>
> (*Inf.* XXXIV, 58-60)

> Ed ecco due dalla sinistra costa,
> nudi e graffiati, fuggendo sì forte,
> che de la selva rompieno ogne rosta.
>
> (*Inf.* XIII, 115-117)

La «selva dolorosa» è fragile, caduca: si spezzano con facilità i rami in mano al pellegrino incuriosito

> Allor porsi la mano un poco avante
> e colsi un ramicel da un gran pruno;
> e 'l tronco suo gridò: «Perché mi schiante?»
>
> (*Inf.* XIII, 31-33)

---

[160] S. Pasquazi, *Sulla cosmogonia di Dante*, cit., p. 145.

[161] Cfr. A. Morgan, *Dante and the Medioeval Other World*, Cambridge Univ. Press, Cambridge, 1990, cap. 4: «The Classification of Sin», tabelle alle pp. 134-140.

[162] Ricordo che questo era un tratto distintivo anche del Demonio della *Visione di Tundalo*, che ha mille mani e unghie lunghe e affilate come lance (cfr. il volgarizzamento dal Cod. Riccardiano 2404 edito a cura di F. Corazzini nella *Scelta di curiosità letterarie inedite o rare dal sec. XIII al sec. XIX*, Disp. CXXVIII, Bologna, Commissione per i Testi di Lingua, 1968, p. 70; testo latino a cura di O. Schade, Libr. Orphenotrophei, Königsberg, 1869).

non così nel giardino dell'Eden, fecondo e perenne:

> E saper dei che la campagna santa
> dove tu se', d'ogne semenza è piena,
> e frutto ha in sé che di là non si schianta.
>
> (*Purg.* XXVIII, 118-120)

1.5. *Lucifero prima di Lucifero: la visione scomposta*

Quella dei suicidi non è l'unica presenza anticipatrice di Lucifero sotto il segno dell'albero-croce. Inizia qui, come sviluppo finale di questa prima parte, una discussione su alcune prefigurazioni che indicano Lucifero come il centro di tensione e il compendio dei vizi puniti nella prima cantica, e che hanno naturalmente come motivo conduttore il simbolo del «legno». Già prima di Lucifero, per cominciare, il pellegrino aveva assistito ad una crocefissione: quella di Caifas,[163] il sacerdote che pronunciò la condanna di Cristo: egli è punito insieme ad Anna e a tutti i componenti del sinedrio, che Dante afferma essere stato «mala sementa» per il popolo ebraico (*Inf.* XXIII, 123). Sia Lucifero che Caifas scontano eternamente la *gravità* del loro peccato: il primo è «da tutti i pesi del mondo costretto» (*Par.* XXIX, 57); il secondo «è mestier ch'el senta / qualunque passa, come pesa, pria» (*Inf.* XXIII, 120).

Se Caifas costituisce il prototipo del personaggio punito nel segno della croce, Buonconte da Montefeltro rappresenta quello a pena scampato dalla dannazione. Anche Buonconte rischia per un

---

[163] Cfr. G. Gorni, *Parodia e scrittura in Dante*, in AA.VV., *Dante e la Bibbia* (Atti del conv. internaz., Firenze, 26-28 settembre 1986), a cura di G. Barblam, Firenze, Olschki, 1988, pp. 323-340; per Caifas in particolare vedi le pp. 338-339. Giustamente lo studioso richiama l'immagine parodizzata della croce-bilancia, simbolo di giustizia; ma questa simbologia vale anche per Lucifero: vedi, nello stesso *Vexilla regis*, il v. 23: «Statera facta est corporis» (in *AHME*, 50, 74); cfr. Pier Damiani, *De exaltatione sanctae crucis. Sermo XLVIII*, in *P.L.* CXLIV, col. 776.

momento di divenire simile a Lucifero: nella sua narrazione il ghibellino sembra far riferimento a questa situazione transitoria dicendo che, una volta spirato, «rimase la mia carne sola» (*Purg.* V, 102); poi però il pianto sincero di pentimento consumatosi poco prima della morte «nel nome di Maria» – e trasformato dalla perizia retorica del demone che contende la sua anima in «una lacrimetta» (v. 107) –, controparte del pianto grottesco di Satana, salva Buonconte: al demonio, «princeps potestatis aeris» secondo la concezione paolina (*Efesini*, 2, 2), non rimane altro che infierire sulle spoglie del pentito e distruggere il simulacro materiale di quel segno che, ancora una volta, è stato capace di sconfiggerlo:

Lo corpo mio gelato in su la foce
trovò l'Archian rubesto; e quel sospinse
ne l'Arno, e sciolse al mio petto la croce
ch'i fe' di me quando 'l dolor mi vinse.

(*Purg.* V, 124-127)

Se si considera la già discussa identificazione tra Satana e il vento freddo di settentrione sulla base di *Isaia*, 14, 13-14 e *Giobbe*, 26, 7,[164] non si avrà difficoltà a riconoscere il circuito semantico che il testo mette in rilievo, anche considerando che il riferimento al «petto» di Buonconte porta con sé l'allusione ad un gesto estremo di umiltà, laddove il «petto» di Lucifero, ergendosi imponente dal Cocito (*Inf.* XXXIV, 28-29), costituisce un'immagine di segno inverso, molto vicina a quella relativa ad un dannato che, pur essendo tra gli eretici, si connota principalmente per la propria imponente alterigia, Farinata:

Lo 'mperador del doloroso regno
da mezzo 'l petto uscia fuor de la ghiaccia.

---

[164] A. PÉZARD, *Le dernier chant de l'Enfer*, cit., p. 402 sgg.

Vedi là Farinata che s'è dritto:
da la cintola in sù tutto 'l vedrai.

(*Inf.* X, 32-33)

Una caratteristica, questa, propria anche dei giganti, che «son nel pozzo intorno da la ripa / da l'umbilico in giuso tutti quanti» (*Inf.* XXXI, 32-33); i vv. 46-48 del trentunesimo canto, con la loro straordinaria accumulazione sostantivale, costituiscono in particolare uno snodo tematico cruciale:

E io scorgeva già d'alcun la faccia,
le spalle e 'l petto e del ventre gran parte,
e per le coste giù ambo le braccia.

Da un lato il riferimento al «petto» e alle «coste» rimanda a Farinata (*Inf.* X, 35 e 75); dall'altro a Lucifero (*Inf.* XXXIV, 29 e 73), per il quale va però aggiunto anche il rilievo della «faccia» (XXXIV, 38) e delle «braccia»: quest'ultimo porta con sé peraltro anche un esplicito riferimento ai giganti (XXXIV, 30-31). Il ritratto del grande ghibellino riserva poi un'altra pennellata[165] che lo avvicina a Lucifero: egli «levò le ciglia» sdegnosamente verso Dante (*Inf.* X, 45) come Satana «alzò le ciglia» contro Dio (*Inf.* XXXIV, 35), mentre altrove nella *Commedia* l'abbassamento delle ciglia denota un atto di umiltà e reverenza, come accade per Sordello di fronte a Virgilio (*Inf.* VII, 13) o allo stesso Dante in presenza di Catone (*Purg.* I, 15). Anche in questo caso tali parallelismi si accompagnano al tema della crescita vegetale: così il poeta augura ai discendenti di Farinata di poter scampare agli odi politici che lo stesso ghibellino aveva contribuito a creare:

---

[165] Cfr. inoltre il particolare della «costa», che avvicina Farinata alle «vellute coste» di Lucifero (XXIV, 73) ed alle «pilose coste» di Gerione (XVII, 13-14): «Ma quell'altro magnanimo, a cui posta / restato m'era, non mutò aspetto, / né mosse collo, né piegò sua costa» (X, 73-75).

«Deh, se riposi mai vostra semenza»,
prega' io lui, «solvetemi quel nodo
che qui ha 'nviluppata mia sentenza».

(*Inf.* X, 94-96)

Un'ulteriore prefigurazione – più volte segnalata – [166] che apre ad una fondamentale dimensione del Lucifero dantesco è quella relativa a Gerione, presentato con lo stesso rilievo anaforico (cfr. *Inf.* XXXIV, 20-21: «Ecco Dite (...), ed ecco il loco / ove convien che di fortezza t'armi»): [167]

«Ecco la fiera con la coda aguzza,
che passa i monti e rompe i muri e l'armi!
Ecco colei che tutto il mondo appuzza!»

(*Inf.* XVII, 1-3)

Alla metafora del «falcon» Gerione fa eco quella del «vipistrello» Lucifero (*Inf.* XVII, 127-128 e XXXIV, 49); entrambi producono vento col battito delle ali (XVII, 117 e XXXIV, 51). A parte l'aspetto «triforme», ritorna per tutti e due i personaggi il particolare delle «coste», «pilose» in Gerione, «vellute» in Lucifero (XVII, 13-14 e XXXIV, 73), forse un'altra deformazione grottesca del costato di Cristo. Simile è anche la reazione di Dante di fronte alle due creature: anche Gerione, come Lucifero, provoca nel pellegrino un vero e proprio raggelamento:

Qual è colui che sì presso ha 'l riprezzo
de la quartana, c'ha già l'unghie smorte,
e triema tutto pur guardando 'l rezzo,
tal divenn'io a le parole porte.

(*Inf.* XVII, 85-88)

---

[166] Cfr. la nota di A. Castagnaro, *Tre angeli della Commedia*, in «Aevum», XXXVI, 1962, 3-4, pp. 322-326.

[167] G. Gorni ha richiamato a tal proposito la possibile influenza di *Eneide* II, 318 sgg (*Il nodo della lingua*, p. 56).

Com'io divenni allor gelato e fioco,
nol dimandar, lettor, ch' i' non lo scrivo,
però ch'ogne parlar sarebbe poco.

(*Inf.* XXXIV, 22-24)

Il congedo da entrambi, infine, si caratterizza attraverso un identico stacco narrativo:

Luogo è in inferno detto Malebolge.

(*Inf.* XVIII, 1)

Luogo è là giù da Belzebù remoto.

(*Inf.* XXXIV, 127)

L'accostamento Gerione-Lucifero ha motivazioni ben chiare: anche per Dante, come per tutto il medioevo, il Demonio «mendax est et pater eius», secondo le parole del *Vangelo di Giovanni* (8, 44) riportate da Catalano dei Malavolti:

(...) «Io udi' già dire a Bologna
del diavol vizi assai, tra' quali udì
ch'elli è bugiardo e padre di menzogna»;

(*Inf.* XXIII, 142-144)

per questo egli è l'«aemulus» per eccellenza, imita Dio ma creando soltanto il male:[168] un «signaculum similitudinis» (*Ezechiele*, 28, 12) che spesso, come accade nelle *Laudi* di Iacopone o nella stessa *Commedia*, assume persino l'aspetto di Cristo. Ma perché accostare Gerione al tema dell'albero della croce? Sia Lucifero che Gerione hanno, oltre la loro funzione simbolica di personaggi infernali, la prerogativa di essere tramite che consente il superamento di un passaggio cruciale: tale caratteristica è sottolineata

---

[168] TERTULLIANO, *De anima* 20, 5 (cito dall'ed. a cura di J.H. Waszink, J.M. Meulenhoff, Amsterdam, 1947, p. 29).

da Dante attraverso il ricorso al simbolismo della scala, richiamata in entrambi gli episodi:

> Omai si scende per sì fatte scale;
> monta dinanzi, ch'i voglio esser mezzo,
> sì che la coda non possa far male.
>
> (*Inf.* XVII, 82-84)

> «Attienti ben, ché per cotali scale»,
> disse 'l maestro, ansando com'uom lasso,
> «conviensi dipartir da tanto male».
>
> (*Inf.* XXXIV, 82-84)

Identico il verso, identiche le parole in rima: è un segnale dell'importanza decisiva del parallelismo. È noto che, a partire dal sogno di Giacobbe di *Genesi*, 28, 12 la scala era divenuta nel medioevo la figura per eccellenza dell'ascesa al «terzo cielo»: la ritroviamo in un nutrito gruppo di testi come il *Liber de scalis*, la *Passio Perpetuae*, la *Navigatio sancti Brendani*, la *Visio monaci de Eynsham* o la *Voie de paradis* di Raoul de Houdenc; essa costituisce pure l'oggetto di opere di mistica e di dogmatica: la *Scala coeli* (*minor* e *maior*) di Onorio Augustodunense o la *Scala paradisi* di Giovanni Climaco: nella *Commedia*, essa caratterizza com'è noto il passaggio decisivo all'Empireo. La mitografia e la storia delle religioni ci assicurano la scala essere alloimmagine dell'albero;[169] così ad ogni modo avviene nella tradizione esegetica cristiana, nella quale i due simboli sembrano sovrapporsi nel momento in cui comincia a svilupparsi il motivo dell'albero cosmologico, sulla base dell'interpretazione di *Daniele*, 4, 7-14 ed *Ezechiele*, 17, 22-24, di cui una delle esemplificazioni più precoci appare il *De*

---

[169] V.N. Toporov, *L'«albero universale». Saggio d'interpretazione semiotica*, in *Ricerche semiotiche. Nuove tendenze delle scienze umane nell'U.R.S.S.*, a cura di J. Lotman e B.A. Uspenskij, Torino, Einaudi, 1973, pp. 148-201; pp. 154.

pascha dello Pseudo-Cipriano.[170] Nello pseudoagostiniano *De cathaclysmo ad catechumenos* ad esempio, dalla «virga de radice Iesse» (*Isaia*, 11, 1) spuntano sia l'albero della croce sia le scale «per quas hominem lapsum ad Patrem levavit»;[171] mentre il sermone *De sancta cruce* di Alano di Lille interpreta la palma su cui lo sposo intende salire di *Cantico dei cantici*, 7, 9 come croce e come «scala attingens in caelum»:[172] si potrebbe continuare con Onorio Augustodunense, Bonaventura e Ubertino da Casale,[173] ma ricordo solamente, per concludere, la sequenza, entrata nella liturgia, *Laudes crucis attollamus*, con la sua «scala peccatorum».[174] Dante sembra dunque essere stato perfettamente consapevole del nodo simbolico albero-croce-scala che la tradizione esegetica cristiana aveva enucleato; anzi, egli lo incardina a punto chiave sull'asse del proprio itinerario. Solo apparentemente il pellegrino, aggrappandosi alla scala-Lucifero, scende, mimando in forma distorta un battesimo: dal punto di vista dell'approdo del viaggio, da quell'apparente sud che in realtà è il «sopra» della

---

[170] E.S. Greenhill, *The Child in the Tree*, cit., p. 338 sgg.; cfr. H. De Lubac, *L'arbre cosmique*, in *Mélanges E.Podechard. Etudes de sciences religieuses offertes pour son éméritat*, Lyon, Faculté Catholique de Theologie de Lyon, 1950, pp. 191-198.

[171] Pseudo-Agostino, *De cataclysmo ad catechumenos*, in *P.L.* XL, coll. 698 sgg.

[172] Alano da Lille, *De sancta cruce*, in *P.L.* CCX, coll. 223 sgg.

[173] Onorio Augustodunense, *Scala coeli maior*, in *P.L.* CLXXII, col. 1230: «In valle lacrymarum, imo in lacu miseriae sumus constituti, de qua ad altum supernae patriae montem per quamdam scalam sumus ascensuri» (che è quasi una rappresentazione compendiosa del viaggio dantesco); Bonaventura da Bagnoregio, *Itinerarium mentis in Deum*, IV, 2, in *Opera*, Quaracchi, Prope Florentiam, ad Claras Aquas, Typ. Collegiis S. Bonaventurae, 1882-1902, V, 306: «Et quoniam, ubi quis ceciderit, necesse habet ibidem recumbere, nisi apponat quis et adiiciat ut resurgat; non potuit anima nostra perfecte ab his sensibilibus revelari ad contuitum sui et aeternae veritatis in se ipsa, nisi Veritas, assumpta forma humana in Christo, fieret sibi scala reparans priorem scalam, quae fracta fuerat in Adam»; Ubertino da Casale, *Arbor vitae*, ed. cit., pp. 339 e 372.

[174] E.S. Greenhill, *The Child in the Tree*, cit., p. 347.

sfera celeste – insomma, dall'unico punto di vista che conta, quello della verità – egli sale «a riveder le stelle».

Vi è infine un ultimo episodio che sembra costituire un elemento prezioso per la comprensione della visione dantesca di Lucifero, ed è all'ingresso della città di Dite, momento che abbiamo visto essere legato al canto XXXIV attraverso il tema del *descensus* di Cristo agli inferi. Dobbiamo innanzitutto tener conto dell'evocazione del nono cerchio compiuta da Virgilio ad *Inf.* IX, 25-29:

> Di poco era di me la carne nuda;
> ch'ella mi fece intrar dentr'a quel muro,
> per trarne un spirto del cerchio di Giuda.
> Quell'è 'l più basso loco e 'l più oscuro,
> e 'l più lontan dal ciel che tutto gira:
> ben so 'l cammin; però ti fa sicuro.

Subito dopo, ecco la visione della torre di Dite e delle tre furie infernali: anche per esse, come per Lucifero, la descrizione segue una scansione tripartita spazialmente, ed anche in questo caso le azioni caratteristiche sono piangere e graffiare:

> «Guarda», mi disse, «le feroci Erine.
> Quest'è Megera dal sinistro canto;
> quella che piange dal destro è Aletto;
> Tesifon è nel mezzo»; e tacque a tanto.
> Con l'unghie si fendea ciascuna il petto;
> battiensi a palme e gridavan sì alto,
> ch'i' mi strinsi al poeta per sospetto.
>
> (*Inf.* IX, 45-51)

Quanto alla torre, altra alloimmagine dell'albero, essa costituisce un evidente richiamo al nono cerchio ed ai giganti che vi si trovano confitti: sono ben quattro le occorrenze del termine «torre» nel canto XXXI riferite appunto ai giganti (ai vv. 20, 31,

41 e 107),[175] mentre non va dimenticato che il terribile racconto di Ugolino si apre con la torre della Muda sullo sfondo (*Inf.* XXXIII, 22 e 47). Nonostante Virgilio inviti inizialmente Dante ad osservare la scena che ha di fronte sia davanti alle furie che a Lucifero («guarda» IX, 45; «dinnanzi mira» XXXIV, 2), gli esiti nei due episodi sono opposti; nel nono canto il pellegrino, dopo che le Furie hanno minacciato di chiamare Medusa, perviene ad un massimo di cecità: è voltato ed ha gli occhi coperti dalle sue mani e da quelle di Virgilio:

> Così disse 'l maestro; ed elli stessi
> mi volse, e non si tenne a le mie mani,
> che con le sue ancor non mi chiudessi;
>
> (*Inf.* IX, 58-60)

mentre nel XXXIV raggiunge un massimo di visione,[176] poiché la guida gli si nega come schermo:

> Quando noi fummo fatti tanto avante,
> ch'al mio maestro piacque di mostrarmi
> la creatura ch'ebbe il bel sembiante,
> d'innanzi mi si tolse e fé restarmi.
>
> (*Inf.* XXXIV, 14-19)

Il successivo riferimento del nono canto al «velame de li versi strani» (vv.61-63) ci assicura che l'accenno a Medusa non spiega ma «commenta» la scelta della «cecità», che dev'essere ricercata ancora una volta, sulla base del superamento di una ermeneutica

---

[175] Ricordo inoltre che Anteo «come albero in nave si levò» (*Inf.* XXXI, 145).

[176] Mi riferisco naturalmente all'agostiniana «visione corporale» che costituisce per J. Freccero la modalità appercettiva di Dante-personaggio nella prima cantica: *Ironia infernale: le porte dell'inferno* (1983), pp. 143 sgg, in *Dante*, cit., pp. 143-162.

pagana,[177] nella posizione del *viator* all'interno del suo itinerario: soltanto alla fine del viaggio infernale Dante potrà infatti raggiungere una piena visione della *Babylonia infernalis*, davanti alla *crux diaboli*. Questa congettura sembra confermata dalla grande ricorrenza del semantema «vedere» e «sembrare» soprattutto a partire dagli ultimi tre canti dell'*Inferno*, quelli appunto che si riferiscono al nono cerchio, unitamente al tema del *rispecchiamento*. «Vedere», «guardare», «scorgere», «mirare» ricorrono ben ventitré volte nei canti XXXI-XXXIV (tredici nell'ultimo di essi); «parere» sei volte (cinque nel XXXIV); «occhi» hanno sei occorrenze.[178] Il Cocito poi è «un lago che per lo gelo / avea di vetro e non d'acqua sembiante» (XXXII, 23-24); le «invetriate lacrime» dei dannati sono «visiere di cristallo» (XXXIII, 128 e 98); Ugolino vede rispecchiata nei figli la propria orrenda fine: «io scorsi / per quattro visi il mio aspetto stesso» (XXXIII, 56-57); i peccatori più prossimi a Lucifero addirittura non hanno più la possibilità di parlare e «trasparien come festuca in vetro» (XXXIV, 12). Se volessimo riprendere l'osservazione di Freccero sulla natura iconica e dunque autoreferenziale dei dannati, che «esprime drammaticamente l'estinzione della speranza escludendo la significazione»,[179] potremmo dire che il fondo vitreo del Cocito rappresenta il culmine del problema dantesco della mimesi nella prima cantica; e il silenzio assoluto attorno a Lucifero (rappresentato nel Battistero di Firenze con una maschera da

---

[177] J. Freccero interpreta l'appello al lettore appunto come un «invito alla conversione» (*Medusa: la lettera e lo spirito* (1972), in *Dante*, cit., pp. 175-194; la citazione a p. 193).

[178] Per il semantema «vedere»: XXXII, 40, 70, 125; XXXIII, 9, 47, 51, 56, 70, 71, 108; XXXIV, 2, 7, 32, 38, 44, 48, 66, 69, 88, 90, 92, 138, 139. «Parere»: XXXIII, 134 e XXXIV, 6 («apparire»); XXXIV, 7, 37, 43 e 67 («sembrare»). «Occhi»: XXXII, 46; XXXIII, 76, 95 e 149; XXXIV, 53 e 88.

[179] J. Freccero, *Medusa*, cit., p. 152. Su questo tema cfr. R. Kirkpatrick, *Dante's «Inferno»: Difficulty and Dead Poetry*, Cambridge Univ. Press, Cambridge, 1987.

teatro sulla faccia) la controparte diabolica della rinuncia alla parola poetica della visione finale. In fondo Dante, continuamente alle prese col problema della menzogna nella sua sfida emulatoria alle Sacre scritture,[180] trovandosi al cospetto del supremo mentitore non può che tacere, e divenire semplice spettatore: la funzione iconica qui tocca il suo apice, e il Dante-*auctor* si eclissa totalmente dietro il Dante-*agens*, la cui passività, a sua volta, è rispecchiata in quella di Lucifero; egli si limita a guardare, secondo le indicazioni di *Isaia* 14, 16: «Qui te viderint ad te inclinabuntur teque prospicient». Se il silenzio di Dante di fronte a Dio appare giustificarsi «per eccesso», quello davanti a Satana si definisce «per difetto», come per una sorta di regressione del pellegrino, specchiato in Lucifero, ad uno stadio pre-umano, secondo il concetto agostiniano dello stato di peccato come «aversio Dei» e «conversio ad creaturam»;[181] il parallelismo è marcato dall'identità della rima:

> Com'io divenni allor gelato e fioco,
> nol dimandar, lettor, ch' i' non lo scrivo,
> però ch'ogne parlar sarebbe poco.
>
> (*Inf.* XXXIV, 22-24)

> Oh quanto è corto il dire e come fioco
> al mio concetto! e questo, a quel ch'i' vidi,
> è tanto, che non basta a dicer «poco».
>
> (*Par.* XXXIII, 121-123)

---

[180] Cfr. G. Carugati, *Dalla menzogna al silenzio. La scrittura mistica della «Commedia» di Dante*, Bologna, Il Mulino, 1991 (1° ed. or. 1979), pp. 62 sgg, testo che offre spunti stimolanti, anche se piuttosto sbrigativo nell'assegnare la poesia dantesca nel novero della mistica; cfr. inoltre J. Ferrante, *The Relation of Speech to Sin in the Inferno*, in «Dante Studies. With the Annual Report of the Dante Society», 87, 1969, pp. 33-44.

[181] J. Delumeau, *Il peccato e la paura. L'idea di colpa in Occidente dal XIII al XVIII secolo*, Bologna, Il Mulino, 1987 (1ª ed. 1983), p. 351.

È questo uno degli aspetti più paradossali dell'itinerario dantesco: giunto di fronte a Satana, il pellegrino si trova nel punto sì più vicino alla propria salvezza, ma anche peggiore in quanto a intensità del male, e per di più nella posizione per lui, poeta, più insidiosa. Dopo quanto si è detto sul motivo dell'albero in rapporto a Satana, sarà un caso che nel racconto ovidiano la morte di Narciso si consumi in una selva?[182] Nell'ultima tappa del viaggio purgatoriale, di fronte alla nuova guida, la tentazione sarà respinta:

Li occhi mi cadder giù nel chiaro fonte;
ma veggendomi in esso, i trassi a l'erba,
tanta vergogna mi gravò la fronte.

(*Purg.* XXX, 76-78)

Dunque, oltre che decisivo per la redenzione esemplare del *viator*, l'«attraversamento» di Lucifero, discesa-salita dell'albero del male, si rivela essere un evento-chiave anche per il farsi dell'opera e per il suo autore.

---

[182] OVIDIO, *Met.* III, 411-412: «Gramen erat circa, quod proximus humor alebat, / silvaque sole locum passura tepescere nullo».

II

IL TEMA MISTICO DELLA FIORITURA NELLA *COMMEDIA*

II.1. *Il simbolismo dell'albero fiorito nelle tradizioni leggendarie medievali*

Nell'organizzazione testuale della *Commedia* un dato strutturale di assoluto rilievo, come abbiamo visto, è la presenza, sull'asse del percorso dantesco relativo alle prime due cantiche, di due estremi simboleggiati dall'albero della conoscenza del bene e del male e dalla croce di Cristo; e ciò sia che si accetti la tesi tradizionale di Gerusalemme antipode dell'Eden, sia che si intenda seguire la recente proposta di Pecoraro disposto ad attribuire tale caratteristica al monte Sinai.[1] Una simile opposizione rendeva trasparente *more geometrico* un nesso simbolico largamente noto ai tempi di Dante; tra albero e croce la cultura medievale stabilì infatti una tensione particolare, capace di creare molteplici livelli di associazioni. Prenderò ora in esame alcune tradizioni che sembrano offrire non pochi spunti ispirativi al progetto testuale dantesco, riservandomi di proporre in un secondo momento la centralità del problema della fioritura nella *Commedia*, già sollevato da Davy A. Carozza[2] ma ancora ricco di spunti che spero significativi.

---

[1] P. Pecoraro, *Le stelle di Dante*, cit., pp. 98 sgg.
[2] D.A. Carozza, *The Motiv of Maturation in the Commedia*, cit.

Innanzitutto va segnalata la leggenda del legno della croce,[3] in più versioni, secondo cui Adamo, prima di morire, manda il figlio Seth in Paradiso a implorare perdono. Una delle fonti di questo episodio è contenuta nel *descensus* di Cristo agli inferi del *Vangelo di Nicodemo*, un testo sicuramente noto a Dante,[4] e cioè nel passo in cui Seth chiede all'arcangelo Michele l'olio della misericordia, e questi gli annuncia che esso potrà essere concesso soltanto dopo 5500 anni (una data assai prossima a quella dantesca di *Purg.* XXXIII, 61-63):

Per morder quella, in pena e in disio
cinquemilia anni e più l'anima prima
bramò colui che 'l morso in sé punio;

in tal modo, Adamo potrà finalmente raggiungere il paradiso.[5] A questo punto della leggenda si inserisce la visione di Seth. Davanti alle porte del regno celeste egli scorge dapprima un albero secco e quattro fiumi; poi un serpente attorcigliato alla base della pianta; infine assiste ad una crescita smisurata dell'albero le cui radici raggiungono le profondità degli inferi ed i cui rami salgono

---

[3] Cfr. A. Mussafia, *Sulla leggenda del legno della croce*, cit.; W. Meyer, *Die geschichte des Kreuzholses von Christus*, Verlag der K. Akademie in Commission bei G. Franz, F. Straub, Münich, 1888; F. Kampers, *Mittelalterliche Sagen vom Paradiese und vom Holze des Kreuzes Christi in ihren vornehmsten Quellen und in ihren hervorstechendsten Typen*, J.P. Bachem, Köln, 1897; A. Jacobi, s.v. «Kreutzbaum», in *Handwörterbuch des deutschen Aberglaubens*, vol. 5, a cura di H. Bächtold-Stäubli, Walter de Gruyter, Berlin und Leipzig, 1932-33, coll. 487-499; P. Mazzoni, *La leggenda del legno della croce nell'arte italiana*, Firenze, Alfani e Venturi, 1914.

[4] E.C. Quinn, *The Quest of Seth for the Oil of Life*, Univ. of Chicago Press, Chicago, 1962. Per il *Vangelo di Nicodemo* nella *Commedia* cfr. T. Bottagisio, *Della discesa di Cristo al limbo dei Santi Padri*, cit., pp. 251-258; A.A. Iannucci, *Dante e il Vangelo di Nicodemo*, cit.

[5] *Vangelo di Nicodemo*, in *Vangeli apocrifi*, a cura di M. Craveri, cit., p. 353. Cfr. anche *Apocalisse di Mosé*, e *Vita di Adamo ed Eva*, pp. 462 sgg. (in *Gli apocrifi dell'Antico Testamento*, a cura di P. Sacchi, Torino, U.T.E.T., 1981).

sino al cielo: sulla sua cima si trova un infante.[6] È evidente in questo caso il ruolo giocato dalla trama visionaria offerta da *Apocalisse*, 22, 1-2, *Daniele*, 4, 7-17 ed *Ezechiele*, 17, 22-24, che suggerisce l'equivalenza tra albero secco e peccato, con l'apparente vittoria di Satana, presentatosi sotto forma di serpente proprio per evocare l'istante della caduta di Adamo; e, successivamente, il rigoglio di quello che ora è un albero della vita,[7] testimonianza del trionfo del Salvatore – il neonato sulla cima – sulle forze del male. Dopo la visione Seth ottiene dall'arcangelo un ramo dell'albero della conoscenza in alcune versioni (Pietro Comestore, Gervasio di Tilbury, Lamberto di S.Omer, Jacopo da Varazze, Franco Sacchetti),[8] in altre tre semi di cedro, cipresso e palma (o pino) segno rispettivamente del Padre, del Figlio e dello Spirito Santo; morto Adamo, Seth pianta il ramo sulla sua tomba (o colloca i semi nella bocca del padre), posta secondo la tradizione[9] nella valle di Ebron. Crescono dunque tre virgulti, che Mosé sradica e utilizza per sanare le acque di Mara (*Esodo*, 15, 22-26);

---

[6] Cfr. in proposito M. ELIADE, *Trattato di storia delle religioni*, Torino, Boringhieri, 1988 (1ª ed. or. 1948), cap. 8.

[7] Sull'albero della vita i due saggi più significativi mi paiono R. BAUERREIS, *«Arbor vitae». Der «Lebensbaum» und seine Verwendung in Liturgie, Kunst, und Brauchtum des Abendlandes*, Neuer Filser-Verlag, München, 1938 e U. HOLMBERG, *Der Baum des Lebens*, Suomalaisen Tiedeakatemian Toimituksia (Annales Academiae Scientiarum Fennicae), Helsinki, series B, 3, 1922-23; cfr. inoltre H. BERGEMA, *De Boom des Lebens in Schrift en Histoire*, J.Schipper, Hilversum, 1938; E.O. JAMES, *The Tree of Life. An Archeological Study*, E.J.Brill, Leiden, 1966; F. PIPER, *The Tree of Life* «The Journal of Sacred Literature and Biblical Record», n.s. 4/8, 1964, pp. 376-393 e 6/11, 1964, pp. 57-74; H.T. HOBBINK, *The Tree of Life in Eden*, in «Zeitschrift für die Alttestamentliche Wissenschaft», 46, 1948, pp. 105-112.

[8] Rispettivamente nell'*Historia ecclesiastica*, negli *Otia imperialia*, nel *Rationale divinorum officiorum*, nel *Liber floridus* e nel sermone *De ligno crucis*: cfr. il cit. saggio di A. MUSSAFIA, *Sulla leggenda del legno della croce*.

[9] Cfr. NICOLÒ DA POGGIBONSI, *Libro d'oltramare (...)*, cito dall'ed. a cura di A. Bacchi della Lega, in *Scelta di curiosità letterarie inedite e rare*, dispp. CLXXXII-CLXXXIII, Bologna, Commissione per i testi di lingua, 1968 (rist. dell'ed. 1881), I, 243.

essi vengono in seguito piantati sul Tabor, il monte della trasfigurazione di Gesù (in altre versioni a Moab, presso il Giordano). Davide tuttavia riporta i virgulti a Gerusalemme, e qui essi si uniscono a formare una sola pianta che, anni dopo, Salomone tenta, senza riuscirvi, di utilizzare per la costruzione del tempio. A questo punto il legno viene impiegato per la struttura di un ponte, che la regina di Saba rifiuta di attraversare (presentendone il carattere sacro) e, successivamente, gettato nella piscina probatica di Gerusalemme, finché, da una parte di esso,[10] non si ricava la croce della Passione. Dopo la morte del Redentore, la piscina si secca miracolosamente (o il legno emerge dalle acque).

La leggenda sviluppa motivi simbolici profondamente radicati nella cultura medievale; a tale proposito, ricordo che la tradizione assegnava come alberi che avevano fornito il legno per la croce il cedro, la palma, il cipresso e l'ulivo:[11] essi vengono citati anche in un passo del *Siracide* (24, 13-14), in cui Cristo-Sapienza viene rappresentato come pianta che mette le radici in Israele. Per di più, ad ogni singola parte della croce veniva assegnato una diversa qualità di legno, e in questo caso l'associazione più diffusa, testimoniata anche dai *Viaggi di Mandeville*,[12] è quella del *pium dictamen In cruce palma fuit, cedrus, cupressus, oliva*

> In cruce palma fuit, cedrus, cupressus, oliva,
> datque pedem cedrus, truncum cupressus, oliva
> dat capiti tabulam, praebet duo brachia palma;

---

[10] Per la precisione un terzo: cfr. *La legienda d'Adamo e d'Eva sua moglie*, a cura di A. D'Ancona, in *Scelta di curiosità*, cit., disp. CVI, Bologna, Commissione per i Testi di Lingua, 1968 (1° ed. 1870), p. 29; sul tema dell'attraversamento del ponte si veda ora A. Seppilli, *Sacralità dell'acqua e sacrilegio dei ponti*, Palermo, Sellerio, 1990.

[11] Jacopo da Varazze, *Legenda aurea*, ed. cit., p. 304 (LXVIII: *De inventione sanctae crucis*).

[12] Cito dal volgarizzamento a cura di F. Zambrini in *Scelta di curiosità*, cit., dispp. CXIII-CXIV, Bologna, Commissione per i Testi di Lingua, 1968, (1ª ed. 1870), II, 14; cfr. per il testo originale: *The Voyage and Travaile of sir John Mandeville*, a cura di O. Halliwell, London, E. Lumley, 1839.

unde fidem cedrus, spem cupressus, sed amorem
signat oliva, bonum finem pia palma figurat.[13]

D'altra parte cedro, cipresso e olivo erano pure connessi alla Trinità, come attesta la *Legienda d'Adamo e d'Eva*.[14] Nel Vecchio Testamento il cedro è un simbolo di potenza (*Ezechiele*, 17, 22-23 e *Salmo* 103, 16), ed è sovente equiparato al cipresso, per esempio in Rabano Mauro:[15] entrambi rappresentano difatti il Figlio.[16] Alla palma invece tradizionalmente è assegnata la funzione di albero della vita, in quanto segno di vittoria, per analogia con i palmi delle mani alzate,[17] e di giustizia – secondo quanto suggerisce il *Salmo* 91, 13: «Iustus ut palma florebit» –. Asseconda questa simbologia la consuetudine del «bordon di palma cinto» del pellegrino al ritorno dalla Terra Santa ricordata dallo stesso Dante in *Purg.* XXXII, 78, e così pure la fortuna del tema iconografico del ramo di palma recato dall'arcangelo Gabriele alla Vergine durante l'Annunciazione. Nel *Vangelo dello Pseudo-Matteo*, poi, è ancora una palma che, piegandosi a terra, nutre la Sacra Famiglia durante la fuga in Egitto;[18] infine non bisogna dimenticare la suggestione derivante dall'equivalenza del nome greco di «palma» e «fenice», simbolo del Cristo, ricordata anche da Plinio.[19] Per tutti questi motivi Ladner, riprendendo un'osservazione di Pézard,[20] pensa sia possibile identificare pro-

---

[13] *AHME* 31, 97.

[14] *La legienda d'Adamo e d'Eva*, cit., p. 18.

[15] RABANO MAURO, *De universo*, XIX, VI, in *P.L.* CXI, coll. 517-518. Sulla simbologia del cedro vedi J. SZABO', *«Cedrus Aeternitatis Hieroglyphicum» (Iconology of a Natural Motif)*, in «Acta Historiae Artium Academiae Scientiarum Hungaricae», XXVIII, 1981, pp. 3-127.

[16] Ad es. in RABANO MAURO, *Allegoriae in Sacram Scripturam*, in *P.L.* CXII, col. 891.

[17] RABANO MAURO, *De universo*, XIX, VI, ed. cit., col. 511.

[18] *Vangelo dello Pseudo-Matteo*, in *Vangeli apocrifi*, ed. cit., pp. 86-87.

[19] *Naturalis historia* XIII, 3, 42.

[20] G.B. LADNER, *Vegetation Symbolism*, cit., p. 309 n.: si tratta di uno

prio in una palma, alla luce della tradizione esegetica relativa al *Salmo 91*, l'albero dell'Eden di *Purg.* XXXII, 37-42: come la giustizia, esso tanto maggiormente si sviluppa quanto più tende verso l'alto, cioè verso Dio.

Quanto all'ulivo, già in epoca classica era stato prescelto come simbolo di rinascita dopo una morte apparente: si va da *Georgiche* II, 30-31 («Quin et caudicibus sectis (mirabile dictu) / truditur e sicco radix oleagina ligno») a *Metamorfosi* VII, 279-281:

> Ecce vetus calido versatus stipes aeno
> fit viridis primo, nec longo tempore frondes
> induit, et subito gravidis oneratur olivis;

che poi è fonte di *Filocolo* IV, 34-35[21]. Similmente in Fedro[22] Minerva sceglie come sua pianta rappresentativa l'ulivo per la sua fecondità, a differenza di altri dei: «oliva nobis propter fructum est gratior». A voler tacere i molti riferimenti scritturali, il più noto dei quali appare l'apologo di Iotam di *Giudici*, 9, 8 poi confluito nelle favole esopiane,[23] il passaggio forse più significativo della conversione simbolica operata dal cristianesimo è contenuto in Paolo, *Romani*, 11, 16-18, con la similitudine dell'innesto dell'ulivo selvatico (il pagano convertito) sull'ulivo domestico:

> Quod si delibatio sancta est, et massa, et, si radix sancta, et rami.

---

spunto tratto da un passo interpolato delle *Formulae spiritalis intelligentiae* di Eucherio di Lyon (in *P.L.* L, col. 745), e comunque presente anche in Gregorio Magno, *Moralia* XIX, 27, 49, in *P.L.* LXXVI, 129 sgg.

[21] «Poi prese un ramo d'un secco ulivo e con esso tutte queste cose cominciò a mescolare insieme. La qual cosa faccendo, il secco ramo cominciò a divenire verde e in brieve a mettere le frondi, e, dopo non molto, rivestito di quelle, si potè vedere carico di nere ulive» (G. Boccaccio, *Filocolo*, IV, 34-35; cito dall'ed. a cura di A.E. Quaglio, in *Tutte le opere*, Milano, A. Mondadori, 1967, I, 402).

[22] Ed. A. Brenot, Paris, Belles Lettres, 1961, III, 17, p. 50.

[23] Ed. E. Chambry, Paris, Belles Lettres, 1967, n.252, p. 113.

Quod si aliqui ex ramis fracti sunt, tu autem, cum oleaster esses, insertus es in illis et socius radicis et pinguidinis olivae factus es, noli gloriari adversus ramos!

Quod si gloriaris, non tu radicem portas, sed radix te.

Nel *Roman de la Rose* assistiamo infine alla contaminazione del tema della crescita dell'ulivo con il complesso di motivi legati alla dimensione cosmologica dell'albero della vita: piantato nella «Fontane de Vie», esso porta infatti «le fruit de salut»:

Si pendent a l'olive escrites
en un rolet lettres petites,
qui dient a ceus qui les lisent,
qui sous l'olive en l'ombre gisent:
«ci cort la Fontene de Vie
par dessous l'olive foillie
qui porte le fruit de salu». [24]

L'ulivo che cinge Beatrice nell'Eden (*Purg.* XXX, 31 e 68) dunque preannuncia il rinverdire dell'albero del canto XXXII: non casuale infatti è il successivo parallelismo con la Vergine:

«*Deus, venerunt gentes*», alternando
or tre or quattro dolce salmodia,
le donne incominciaro, e lagrimando;
e Bëatrice, sospirosa e pia,
quelle ascoltava sì fatta, che poco
più a la croce si cambiò Maria.

(*Purg.* XXXIII, 1-6)

Vorrei ora analizzare una seconda tradizione leggendaria, che ha con il viaggio di Seth in paradiso alcuni punti di contatto: mi riferisco all'episodio dell'albero del sole e della luna nell'*Histo-*

---

[24] GUILLAUME DE LORRIS – JEAN DE MEUN, *Le roman de la rose*, a cura di D. Poirion, Paris, Flammarion, 1974, vv. 20517-20523, p. 542.

ria Alexandri Magni;[25] che anche questa leggenda avesse a che fare con la visione del XXXII canto del *Purgatorio* è un'osservazione risalente ad Arturo Graf e recentemente argomentata attraverso un'imponente massa di schede erudite da Peter Armour:[26] ancora una volta si riproporrebbe sullo sfondo di questa interpretazione la figura della croce, come del resto tre antichi commentatori avevano avvertito:

E però bene dice l'autore che quel timone era di quello arbore [scil.: il timone del carro e l'albero della conoscenza del bene e del male] (...) e veramente la croce è lo timone de santa Chiesa (...). E veramente Cristo ricongiunse con la sua obedienza e rilegò la santa Chiesa per mezzo de la sua croce all'arbore de la notizia del bene e del male (Francesco da Buti).

Antiqui dicunt quod haec ligatio est figura incarnationis, aliqui quod dictum lignum habet notare crucem: tu vero dic quod per hoc poeta notat quod Christus cum obedientia alligavit ecclesiam obedientiae (Benvenuto da Imola).

Vogliono alcuni che quello albero, al quale il Grifone lasciò il carro, sia la croce (Ottimo).[27]

Come spesso accade, Dante non ci fornisce rimandi espliciti in questo senso; tuttavia, descrivendo l'albero secco dell'Eden, offre un'indicazione assai preziosa:

La coma sua, che tanto si dilata
più quanto più è sù, fora da l'Indi
ne' boschi lor per altezza ammirata.

(*Purg.* XXXII, 40-42)

---

[25] Sulla tradizione medievale della leggenda di Alessandro vedi G. Cary, *The Medieval Alexander*, Cambridge Univ. Press, Cambridge, Mass., 1956 e F. Pfister, *Kleine Schriften zum Alexanderroman*, Verlag A. Hain, Meisenheim am Glau, 1976 (per gli alberi del sole e della luna vedi pp. 9, 313, 338-339).

[26] A. Graf, *Miti, leggende e superstizioni del Medioevo*, Milano, A. Mondadori, 1984 (1ª ed. 1892-93), p. 65; P. Armour, *Dante's Griffin*, cit., pp. 190 sgg.

[27] Francesco da Buti, *Commento*, cit., I, 783-784; Benvenuto da Imola, *Comentum*, cit., IV, 249; *L'Ottimo commento*, cit., II, 573.

Ora, nulla vieta che il riferimento sia semplicemente una notazione coloristica tratta da *Georgiche*, II, 122-'24[28] e riscontrabile anche all'interno dell'enciclopedia pliniana (*Naturalis historia*, VII, 21); è tuttavia degno di nota che Dante offra un simile particolare nella descrizione di una pianta che subirà di lì a poco – come l'albero della visione di Seth – una miracolosa fioritura; né va dimenticato che Plinio fa esplicito riferimento alle piante di straordinaria grandezza vedute da Alessandro Magno durante la sua conquista dell'Oriente.[29] Nell'*Historia Alexandri Magni* dello Pseudo-Callistene,[30] principale fonte delle trattazioni successive, si narra che Alessandro, durante la sua spedizione in India, si rechi presso Eliopolis a farsi predire il futuro al cospetto di due alberi parlanti,[31] detti «del sole e della luna». Essi sono descritti come simili al cipresso – che abbiamo visto essere simbolo cristologico e, nella tradizione iconografica, equipollente alla croce – e ricoperti di pelli di animali; gli oracoli vengono proferiti all'alba, a mezzogiorno e al tramonto. Ad Alessandro verrà predetta l'invincibilità, ma anche la morte in terra straniera. Assente nell'*Historia de proeliis* di Leone (X sec.), l'episodio, più o meno variato, si ritrova, oltre che nell'*Epistola Alexandri ad Aristotelem*,[32] in un numero enorme di testi narrativi e compila-

---

[28] «Aut quos Oceano propior gerit India lucos / extremi sinus orbis, ubi aera vincere summum / arboris haut ullae iactu potuere sagittae?»

[29] *Naturalis historia* XII, 21 sgg.

[30] Ed. G. Kroll, Berlin, Weidmannsche Buchandlung, 1926, pp. 112 sgg.; cfr. pure la trad. inglese della versione in armeno a cura di A.M. Wolohojian, Columbia Univ. Press, New York & London, 1969, pp. 128-'29.

[31] Il particolare degli alberi parlanti risale ad un sostrato mitico molto antico, testimoniato già a partire da SOFOCLE (*Trachinie*, 172), e rintracciabile pure nella letteratura apocrifa, ad esempio il *Testamento di Abramo*, recensione A, 3: anche in questo caso si parla di un cipresso (*The Old Testament Pseudoepigrapha. Vol. 1: Apocalyptic Literature and Testaments*, ed. J.H. Charlesworth, Darton, Longman & Todd, London, 1983, p. 883).

[32] Cfr. F. PFISTER, *Kleine Schriften*, cit., pp. 338 sgg.; L'ed. de *I nobili fatti di Alessandro Magno (...)*, a cura di G. Grion, (Bologna, Romagnoli, 1872) pone

zioni medievali; ricordo fra gli altri il *Roman d'Alexandre*, il volgarizzamento *I nobili fatti di Alessandro*,[33] lo *Speculum historiale* di Vincenzo di Beauvais, gli *Otia imperialia* di Gervasio da Tilbury e l'*Historia scholastica* di Pietro Comestore, fonte invocata dal Buti per l'albero dantesco dell'Eden.[34] Nella *Commedia* l'unico esplicito riferimento al viaggio favoloso di Alessandro è in *Inf.* XIV, 31-37, nel quadro della similitudine che accompagna la descrizione del terzo girone del settimo cerchio, quello dei violenti contro Dio, caratterizzata una vertiginosa spirale di sibilanti:

> Quali Alessandro in quelle parti calde
> d'Indïa vide sopra 'l süo stuolo
> fiamme cadere infino a terra salde,
> per ch'ei provide a scalpitar lo suolo
> con le sue schiere, acciò che lo vapore
> mei si stingueva mentre ch'era solo:
> tale scendeva l'etternale ardore.

L'episodio è tratto appunto dall'*Epistola Alexandri* (solo di secondo grado è infatti la derivazione, tradizionalmente proposta dai commentatori, dal *De meteoris* di Alberto Magno, come aveva notato già il Pietrobono), che presenta pure il particolare della smisurata altezza degli alberi del sole e della luna.

A partire dall'XI sec., l'indicazione relativa all'albero del

---

in appendice la traduzione cinquecentesca dell'*Epistola Alexandri* che Tommaso Porcacchi allestì per l'editore Gabriel Giolito.

[33] *I nobili fatti*, cit., pp. 142 sgg. Ne l'*Intelligenza* invece è attestato un diverso tipo di pianta miracolosa, che sprofonda al calar del sole: «E gli alberi che di sotterra usciero, / poi ritornavan là donde veniero, / quando lo sol si partiva da loro» (cito dall'ed. a cura di V.Mistruzzi, Bologna, Commissione per i Testi di Lingua, 1928, p. 141); fonte dell'episodio è quasi certamente la *Navigatio Sancti Brendani* (vedi il volgarizzamento veneziano e toscano curati da M.A. Grignani, Milano, Bompiani, 1975, p. 146 [24]; per il testo latino cfr. l'ed. a cura di C. Selmer, Univ. of Notre Dame Press, Notre Dame, Ind., 1959).

[34] P. Armour, *Dante's Griffin*, cit., p. 183.

sole e della luna comincia a divenire un rilievo topico sia nelle carte e nei mappamondi, ad esempio in quello ricavato dal *Liber floridus* di Lamberto di S.Omer o in quello di Waldsperger;[35] sia nei resoconti di viaggio come il *Liber de Terra Sancta* di Odorico da Pordenone o i *Viaggi di Mandeville*.[36] La notorietà dell'episodio diverrà tale che Fazio degli Uberti potrà inserirla nel suo *Dittamondo*:

> Quivi pareano i mostri e le tempeste
> che vide per trovar la luna e 'l sole,
> dico per l'India e le sue foreste.
> Quivi parea turbar de le parole
> che li rispuose l'uno e l'altro lume,
> e l'atto come altrui coprir le vuole.[37]

Acquisisce poi importanza fondamentale per il nostro discorso il fatto che, a un certo momento, la leggenda dell'albero del sole e della luna viene a fondersi con quella del legno della croce. Nella versione toscana del *Milione* di Marco Polo ad esempio si parla di un «albero solo», situato nel Xorāsan, presso il fiume Gion, sempre di dimensioni ragguardevoli; poi però viene aggiunto: «lo quale noi chiamiamo l'albero secco»;[38] in altre redazioni

---

[35] Cfr. P. Gribaudi, *Il mito degli alberi del sole e della luna e dell'Albero secco nella geografia e nella cartografia medievale*, in AA.VV., *Atti del V Congresso Geografico Italiano*, Napoli, Tocco e Salvietti, 1905, II, 828-842 (in particolare p. 833) e I. Hallberg, *L'Extrême Orient dans la littérature et la cartographie de l'Occident des XIIIe, XIVe et XVe siècles. Etude sur l'histoire de la geographie*, Göteborg, Wald Zachrissons Boktryckeri, 1907, cfr. pp. 39-43: s.v. «Arbor sicca».

[36] Per Odorico da Pordenone vedi la recente ed. *Relazione del viaggio in Oriente e in Cina (1314?-1330)*, Pordenone, Camera di Commercio, 1986; cfr. *I viaggi di Giovanni Mandavilla*, ed. cit., II, 188.

[37] Fazio degli Uberti, *Dittamondo*, a cura di G. Corsi, Bari, Laterza, 1952, I, 260.

[38] Marco Polo, *Il Milione*, ed. crit. a cura di V. Bertolucci Pizzorusso, Milano, Adelphi, 1975, 196, 1-2, p. 304. Sull'albero secco cfr. F. Peuckert s.v.

questo «albero solo» diviene poi «albero del sole».[39] Ma non è tutto. In un testo latino che Graf data intorno al 1300, si narra che un pellegrino chiedesse al Prete Gianni di poter vedere l'albero secco, la cui fama era arrivata fino al suo paese; questi però rispose che il vero nome della prodigiosa pianta era «Albero di Seth».[40] Come si vede, l'intrico è notevole, ma si giustifica proprio per la sovrapposizione di alcune componenti comuni al nesso albero-croce. L'immagine di Cristo crocefisso come «sol iustitiae»,[41] ad esempio, presenta alcune caratteristiche simboliche in grado di interagire variamente con la leggenda dell'albero del sole e della luna. In *Isaia* 60, 19-20 leggiamo:

> Non erit tibi amplius sol ad lucendum per diem nec splendor lunae inluminabit te sed erit tibi Dominus in lucem sempiternam et Deus tuus in gloriam tuam; non occidet ultra sol tuus et luna tua non minuetur, quia Dominus erit in lucem sempiternam et conplebuntur dies luctus tui.

Il dominio senza limiti di Dio si manifesta paradossalmente proprio nel momento più doloroso del sacrificio del figlio; nelle parole di Lattanzio:

> Extendit ergo in passione manus suas orbemque dimensus est, ut iam tunc ostenderet ab ortu solis usque ad occasum magnum populum

---

«Durre Baum», in *Handwörterbuch des deutschen Aberglaubens*, cit., vol. 2, coll.505-513; R. Jeffries Peebles, *The Dry Tree: Symbol of Death*, in AA.VV., *Vassar Medieval Studies*, a cura di C.F. Fiske, Yale Univ. Press, New Haven, 1923; M.R. Bennett, *The Legend of the Green Tree and the Dry* «Archeological Journal», 83, 1926, pp. 21-32.

[39] P. Gribaudi, *Il mito degli alberi del sole e della luna*, cit., p. 837; A. Graf, *Roma nella memoria e nelle immaginazioni del Medio Evo*, Torino, Loescher, 1882, p. 492; vedi inoltre le *Notes on the Proper Names and Oriental Words* di P. Pelliot, in Marco Polo, *A Description of the World* a cura di A.C. Moule e P. Pelliot, Routletdge, New York, 1938, pp. 627-636.

[40] A. Graf, *Roma nella memoria*, cit., p. 493; del racconto esiste un'ed. curata da F.K.T. Zarncke, *Der Priester Johannes*, S.Hirzel, Leipzig, 1876-1879, pp. 127-128.

[41] *Luca*, 1,78, *Zaccaria*, 3, 8 e *Malachia*, 3, 20.

ex omnibus linguis et tribubus congregatum sub alas suas esse venturum signumque illud maximum atque sublime frontibus suis susceptum.[42]

Onorio Augustodunense, evocando il giorno del Giudizio attraverso *Gioele*, 2, 10, afferma invece:

Signum Filii hominis [scil.: la croce] in coelo apparebit, et lumen solis et lunae non splendebit, quia crux Christi ad iudicium praevia tanta luce radiat quod splendorem solis et lunae sua claritate obscurat.[43]

La croce dunque, sostituendosi al sole ed alla luna come segno meridiano, è in grado di annullare i loro effetti nefasti, compresi quelli adombrati dal *Salmo* 90, 6;[44] lo testimonia l'inno *Crux benedicta nitet* di Venanzio Fortunato: «Nullum uret aestus sub frondibus arboris huius, / luna nec in noctem sol neque meridiem»: è evidente che in tutti questi casi gioca un ruolo importante l'eclissi di sole durante la crocefissione narrata dagli evangelisti.[45] Possiamo trovare un'eco non troppo generica di questa condizione di grazia nella descrizione della eterna primavera edenica dei vv. 32-33 del ventottesimo canto del *Purgatorio*, garantita dall'«ombra perpetua, che mai / raggiar non lascia sole ivi né luna». A questo comune sostrato fanno riferimento quelle raffigurazioni della crocefissione che presentano un sole ed una

---

[42] LATTANZIO, *Divinae institutiones* IV, 26, 36, in *CSEL*, 19, 383.

[43] ONORIO AUGUSTODUNENSE, *De inventione sanctae crucis*, in *P.L.* CLXXII, col. 946. Il rapporto tra Passione e Giudizio finale che il simbolo della croce instaura è stato analizzato per la tradizione innografica da J. SZÖVÉRFFY: «*Tuba mirum spargens sonum...*», cit.

[44] Vedi la nota 15 della parte prima.

[45] Per l'inno *Crux benedicta nitet* cfr. *AHME*, 50, 75, vv. 13-14; per l'interpretazione dell'eclissi nei termini della prevalenza del «sol iustitiae» sul sole materiale vedi ad esempio BONAVENTURA DA BAGNOREGIO, *Lignum vitae*, in *Opera omnia*, a cura del R.P. A. Laner, t.VIII, Prope Florentiam, Ad Claras Aquas, 1898, p. 79. Ricordo che nell'*Epistola Alexandri* il sacerdote che accompagna Alessandro afferma che gli alberi del sole e della luna stillano lacrime durante le eclissi.

luna ai lati del Cristo, come troviamo nella tappezzeria di Gerona (XI-XII sec.)[46] o nelle ampolle di Monza e Bobbio.[47] Né va taciuto a questo proposito che, nella tradizione alchemica medievale, i frutti principali dell'albero della Materia, equivalente all'albero del Mondo, sono appunto il sole e la luna, costituenti la natura ignea (zolfo) e acquea (mercurio) degli elementi.[48] Se consideriamo infine che in *Deuteronomio*, 33, 13 vengono espressamente citati i frutti che germogliano dal sole e dalla luna,[49] possiamo ammettere che, all'interno della metafora arborea della croce, Cristo sia considerato contemporaneamente frutto e sole, cioè causa finale ed efficiente della maturazione: Cristo e Maria dunque stanno alla croce come il sole e la luna all'albero del Mondo. Quando, nella trama leggendaria di Alessandro Magno, Pietro Comestore e Gervasio da Tilbury, innovando rispetto alla fonte, trasformano in mele l'incenso miracoloso che allunga la vita dell'*Historia Alexandri Magni*,[50] non fanno altro che assecondare la valenza cristologica dell'episodio, ponendosi contemporaneamente nell'alveo della tradizione classica legata al mito del giardino delle Esperidi.[51] Non vi sono dubbi poi che il cristiane-

[46] C. FRUGONI, *Alberi (in paradiso voluptatis)*, cit., p. 726.

[47] Cfr. B. LEONI, *La croce e il suo segno*, cit., pp. 196 sgg; S. SPENCE, *Myrrha Myrrha in the Well*, cit., p. 35, n.7.

[48] C.G. JUNG, *Psicologia e alchimia*, Torino, Boringhieri, 1972 (1ª ed. or. 1944), p. 129; R. GUENON, *Simboli della scienza sacra*, Milano, Adelphi, 1975 (1ª ed. or. 1962), p. 281; T. BURKHARDT, *Alchimia*, cit., p. 96.

[49] «Ioseph quoque ait / de benedictione Domini et terra eius, / de pomis caeli et rore atque abysso subiacente, / de pomis fructuum solis ac lunae».

[50] F. PFISTER, *Kleine Schriften*, cit., pp. 338-339.

[51] Cioè nel quadro del consueto tema del *locus amoenus* e dell'eterna primavera viene fatto riferimento ai frutti che danno l'immortalità; cfr. A. PENNACINI, *Elementi della descrizione del Paradiso Terrestre in scrittori greci e latini*, in *Letture classensi*, 8, Ravenna, Longo, 1979, pp. 37-43; cfr. inoltre G. VENTURI, *Eden e giardini della Divina Commedia*, in «La rassegna della letteratura italiana», s. VII, 1/2 (1992), pp. 7-16; per la letteratura volgare, cfr. BONVESIN DA LA RIVA, *Libro delle tre scritture*, *De scriptura aurea*, ed. cit., p. 156, vv. 141-144: «Li frugi de quii arbori dra terra dri viventi / si en de tal virtù, sì dulz e sì

simo abbia assimilato in questo senso pure l'antico tema della natura ignea dell'albero, ad esempio attraverso la sacralizzazione dell'ulivo: questo vale non soltanto per la crocefissione, ma già a partire dal roveto ardente di *Esodo*, 3. Tale aspetto si trasmetterà poi allo gnosticismo – come mostra il grande albero di «fuoco iperuranico» attribuito a Simon Mago[52] – non mancando di influenzare l'immaginario popolare: si ricordino ad esempio gli alberi ardenti della *Visione di S.Paolo.*[53]

Il motivo simbolico dell'albero secco dunque permette di isolare una molteplicità di tradizioni: in primo luogo infatti appare legato, lo abbiamo visto, alla visione di Seth, e dunque all'annuncio della croce redentrice; poi, nella leggenda di Alessandro, si presenta in unione col simbolo cristologico della fenice[54]; ancora, in una tradizione seriore, viene a rappresentare il limite estremo delle terre conosciute ad Oriente, come attestano il *Roman du comte de Poitiers* e la *Relatio* di Odorico da Pordenone.[55] Il rapporto dell'albero secco con la crocefissione appare ben chiaro nel *Liber de Terra Sancta* di Odorico da Pordenone e nei

---

placenti, / ki n'asazass de quii, zamai per tug li tempi / no sentirav angustie ni fevre ni tormenti».

[52] IPPOLITO, *Elenchos* V, 9, 8; cfr. C.G. JUNG, *Contributi alla storia e all'interpretazione del simbolo dell'albero*, cit., in particolare pp. 330-331.

[53] Cito dal volgarizzamento trecentesco (condotto sul cod. Magliabechiano Cl. XXXVIII, 127) presentato da P. Villari *Antiche leggende e tradizioni che illustrano la Divina Commedia*, Bologna, Forni, 1979 (rist. anast. dell'ed. 1865), p. 77: «E sancto Paulo puose mente alle porte del ninferno, e vide arbori di fuoco ardenti, e gli peccatori saliano e discendieno per questi arbori e stavano inpesi in quelli arbori, tali per le mani, tali per li piedi, tali per le lingue e tali per gl'orecchi»; per il testo latino si veda l'ed. di H. Brandes, Niemeyer, Halle, 1885. Parla della tipologia dell'albero di fuoco (o di luce) nella tradizione induistica A.K. COOMARASWAMY, *L'albero rovesciato*, cit., pp. 334 sgg.

[54] Vedi ad esempio *I nobili fatti di Alessandro Magno*, ed. cit., p. 142; cfr. P. ARMOUR, *Dante's Griffin*, cit., p. 191; cfr. R. VAN DER BROEK, *The Myth of the Phoenix according to Classical and Early Christian Tradition*, Brill, Leiden, 1972.

[55] Cfr. rispettivamente P. GRIBAUDI, *Il mito degli alberi del sole e della luna*, cit., p. 838 n e P. ARMOUR, *Dante's Griffin*, cit., p. 190.

Viaggi di Mandeville: si narra che presso la valle di Ebron – luogo della sepoltura di Adamo, secondo la tradizione più diffusa –, sulle colline di Mambre, si trovi un albero chiamato dagli arabi *dirp*; esso non è altro che l'«albore di Seth», il quale «sempre portò foglie verde infino alla morte del nostro Signore in sul legno della croce. Allora incominciò a seccare».[56] Il riferimento alla collina di Mambre richiama la visione di Abramo sotto la quercia di *Genesi*, 18, 1-2, mentre l'identificazione tra il *dirp* e l'albero di Seth suggerisce che questa tradizione si ricollega, ancora una volta, alla leggenda del legno della croce: l'albero secco si trova infatti nei pressi di Gerusalemme, così come a Gerusalemme era stato trasportato da Davide l'albero di Seth.

Infine l'albero secco si trova in rapporto con le profezie millenaristiche della fine dell'impero; Graf[57] in particolare ha illustrato lo sviluppo di questa tradizione, che dalle *Revelationes* di Metodio si trasmette al Medioevo con larga fortuna (Goffredo di Viterbo, Beda il Venerabile, Engelberto di Admont).[58] Metodio profetizza l'avvento di un imperatore che riporterà pace e prosperità ricacciando la minaccia dei Saraceni; a quel punto però le popolazioni barbare che Alessandro aveva confinato a settentrione dilagheranno, e inizierà un'epoca di grandi sofferenze, culminata nella nascita dell'anticristo. L'ultimo imperatore salirà allora sul Gòlgota e appenderà la sua corona alla croce, affidando alla divina provvidenza ogni responsabilità di governo. Engelberto di Admont segue all'incirca il racconto di Metodio ma, al posto della croce, l'imperatore, ora divenuto Franco, appende la sua corona all'albero secco.[59] Il particolare ritorna in un diverso

---

[56] *I viaggi di Giovanni Mandavilla*, cit., I, 84-85. L'essiccamento dell'albero al momento della crocefissione è anche nel *Combattimento di Adamo*: cfr. A. Graf, *Miti, leggende e superstizioni*, cit., p. 65.

[57] A. Graf, *Roma nella memoria e nelle immaginazioni*, cit., p. 479 sgg.

[58] Per la diffusione della leggenda cfr. ancora P. Armour, *Dante's Griffin*, cit., p. 258 sgg.

[59] A. Graf, *Roma nella memoria e nelle immaginazioni*, cit., p. 488.

sviluppo della leggenda: a salvare l'umanità sarà ora un imperatore redivivo per volontà divina (di solito Carlo Magno o Federico II), che riuscirà a conquistare il santo Sepolcro ed inaugurerà così una nuova età dell'oro, facendo rinverdire l'albero secco.[60] La relazione tra croce ed impero romano era del resto un luogo comune: la leggenda del ritrovamento del sacro legno aveva legato tale simbolo alle vicende di Costantino – di Eraclio per la tradizione orientale – attraverso la *Leggenda di S. Silvestro* e gli *Atti di S. Giuda Ciriaco.*[61] Elena, madre di Costantino, costringe un uomo chiamato Giuda ad indicarle il luogo in cui erano sepolte le tre croci, immediatamente rinvenute grazie ad un improvviso terremoto: la virtù prodigiosa della croce di Cristo si mostra immediatamente poiché, posta sul cadavere di un uomo, lo resuscita. In precedenza, ammonito in sogno da un angelo alla vigilia di uno scontro decisivo (Ponte Milvio?), Costantino aveva posto il segno della croce sulle sue insegne, ottenendo sui nemici una vittoria trionfale.[62]

Il tratto che accomuna le tradizioni leggendarie sin qui riportate appare proprio il simbolo della croce, la cui assoluta centralità nei canti finali del *Purgatorio* non è sfuggita alla mirabile ricostruzione di Armour, che conferma l'albero dell'Eden essere allegoria dello *Ius divinum*,[63] come del resto indica espressamente il discorso di Beatrice:

> Dorme lo 'ngegno tuo, se non estima
> per singular cagione essere eccelsa
> lei tanto e sì travolta ne la cima.

---

[60] *Ibid.*, pp. 500 sgg.

[61] Ampia discussione in B. Leoni, *La croce e il suo segno*, cit., pp. 123 sgg.

[62] Onorio Augustodunense, *De inventione sanctae crucis*, in *P.L.* CLXXII, col. 945; Jacopo da Varazze, *Legenda aurea*, ed. cit., pp. 305 sgg.

[63] P. Armour, *Dante's Griffin*, cit., pp. 212 sgg.: il grifone sarebbe allegoria dell'Impero romano, dapprima ingiusto (in quanto pagano), poi divenuto strumento del disegno divino; la parte leonina rappresenterebbe dunque il legame

E se stati non fossero acqua d'Elsa
li pensier vani intorno a la tua mente,
e 'l piacer loro un Piramo a la gelsa,
per tante circostanze solamente
la giustizia di Dio, ne l'interdetto,
conosceresti a l'arbor moralmente.

(*Purg.* XXXIII, 71-72)[64]

a cui può essere idealmente accostata l'apostrofe della lauda 84 di Iacopone:

O tu, om, che stai en terra
(e si creato a vita etterna)

vide ll'arbor che t'ensegna;
or non dormir, briga d'andare.[65]

Crocefissione dunque come «the supreme act of divine Justice restored»:[66] del resto, nel Vecchio Testamento l'immagine dell'albero della giustizia è ben presente, da *Proverbi*, 11, 30 a *Salmi*, 1, 3 e 91, 13, mentre nella letteratura esegetica e innografica appare usuale la metafora della croce di Cristo come bilancia.[67] Ben conscio della dimensione millenaristica dell'albero

---

dell'Impero con lo *ius humanum*, quella aquilina con lo *ius divinum*; cfr. anche A.H. GILBERT, *Dante's Conception of Justice*, AMS Press, New York, 1965.

[64] Come ha notato R. PALGEN (*Il mito di Glauco nella Divina Commedia*, in «Convivium», XXV, 4, 1957, pp. 400-412, vedi p. 412), il riferimento all'«acqua d'Elsa» evoca l'episodio della pietrificazione di Glauco narrato nella *Repubblica* di Platone (611 D), e dunque conferma la natura di *trait-d'union* della visione dell'Eden. In precedenza Beatrice, di fronte allo stupore di Dante per le sue spiegazioni relative all'albero edenico, aveva affermato: «io veggio te ne l'intelletto / fatto di pietra e, impetrato, tinto, sì che t'abbaglia il lume del mio detto» (*Purg.* XXXIII, 73-75).

[65] IACOPONE DA TODI, *Laudi*, ed. cit., lauda 84, vv. 9-12, p. 251.

[66] P. ARMOUR, *Dante's Griffin*, cit., p. 195.

[67] Per l'innografia vedi lo stesso *Vexilla regis*, al v.23: «Statera facta est corporis» (in *AHME*, 50, 74); cfr. PIER DAMIANI, *De exaltatione sanctae crucis. Sermo XLVIII*, in *P.L.* CXLIV, col. 776.

secco, Dante avrebbe così rappresentato, nella sequenza del grifone e della fioritura «the entire history of mankind from Adam to its consummation at the end».[68] L'episodio costituisce dunque il presupposto necessario all'arrivo di Dante in «quella Roma onde Cristo è romano» (*Purg.* XXXII, 102), e l'illustrazione della possibilità di una felice maturazione della «sementa santa» (*Inf.* XV, 16) costituita appunto dal popolo Romano. In particolare, il fatto che Dante collochi la fioritura prima dell'attacco sferrato dall'aquila – che indubbiamente rappresenta la gravosa eredità del potere temporale affidato dall'autorità imperiale alla Chiesa –, testimonia, come ha ribadito Dronke,[69] che proprio la crocefissione sia la chiave simbolica dell'episodio. La scelta dantesca era d'altra parte perfettamente canonica: secondo una tradizione esegetica che rimonta ad Ireneo e a Tertulliano,[70] il rinverdire dell'albero secco rappresenta, lo ripetiamo, la trasformazione dell'albero della conoscenza del bene e del male, causa della caduta, nell'albero della vita, trasformazione resa possibile soltanto dal sacrificio di Cristo; difatti in alcune opere, come il *Pélegrinage de l'ame* di Guillaume de Deguileville, crocefissione e fioritura dell'albero secco sono esplicitamente presentate come coincidenti.[71] L'episodio della fioritura tuttavia possiede una

---

[68] P. ARMOUR, *Dante's Griffin*, cit., p. 265. Ricordo che l'associazione tra albero e grifone peraltro era già nei *Viaggi di Mandeville*, ed. cit., II, 149. Quanto al carattere «compendiario» dei canti dell'Eden, C. Ossola ha sostenuto che essi «ricapitolano e manifestano tutta la "spiegazione" della *Commedia*; dichiarano l'*ordo* dell'intero *iter*, rinviano allegoricamente dal *signum* al *signatum*» (*«Coi piè ristetti e con li occhi passai»*, cit., p. 56).

[69] P. DRONKE, *L'albero di Dante*, cit., in particolare p. 101; cfr. inoltre K. FOSTER, *God's Tree. Essays on Dante and Other Matters*, Blackfriars Publ., London, 1957.

[70] IRENEO, *Contra Haereseos*, V, XVI, 2 e V, XVII, 17-19, in *P.G.* VII, coll. 1168 e 1471; TERTULLIANO, *Adversus Judaeos*, XIII, 11, in *Corpus Christianorum. Series latina*, Brepols, Turnholti, 1954 sgg; II, 1387.

[71] GUILLAUME DE DEGUILEVILLE, *Le Pèlegrinage de vie humaine*, a cura di J.J. Sturzinger, Nichols and Sons, London, 1893, vv. 6655-6681; cfr. S.L.

specifica articolazione simbolica che ha messo in difficoltà gli interpreti:

> Come le nostre piante, quando casca
> giù la gran luce mischiata con quella
> che raggia dietro a la celeste lasca,
> turgide fansi, e poi si rinovella
> di suo color ciascuna, pria che 'l sole
> giunga li suoi corsier sotto altra stella;
> men che di rose e più che di vïole
> colore aprendo, s'innovò la pianta,
> che pria avea le ramora sì sole.
>
> (*Purg.* XXXII, 52-60)

Dopo quanto si è detto, risulterà chiaro che per interpretare proficuamente il passo è necessario far riferimento al tema mistico di Cristo crocefisso come fiore dell'albero della vita: ebbene, nella *Vitis mystica* dello Pseudo-Bernardo, la viola simboleggia l'umiltà del sacrificio del Figlio, che si è abbassato alla mortificazione estrema della croce;[72] questo anche per mostrare che «arcta est ianua regni coelorum, nec recipit nisi parvos» e che «nulla virtus accedit, nisi ad humilitatis violam fuerit inclinata».[73] E non è forse il *Purgatorio* il regno dell'umiltà, come tra l'altro suggerisce il rituale ingressivo del giunco? Quanto alla rosa, essa rimanda indubitabilmente alla carità, al sangue sgorgato dal cor-

---

Galpin, *On the Sources of Guillaume de Deguileville's Pèlegrinage de l'ame*, in «Publication of Modern Language Association», XXV, 1910, pp. 275-308. Significativa, per la relazione tra albero e peccato, la tradizione leggendaria riportata da O. Dähnhardt (*Natursagen. Eine Sammlung naturdeutender Sagen, Märchen, Fabeln und Legenden*, B.G. Teubner, Leipzig, 1907-1910, I, 223): le lacrime di Adamo, cacciato dall'Eden, divengono alberi; in una versione araba esse si trasformano invece in piante aromatiche (A. Graf, *Miti, leggende e superstizioni*, cit., p. 67).

[72] Pseudo-Bernardo di Chiaravalle, *Vitis mystica*, XVII, *De flore humilitatis, quae est viola*, in *P.L.* CLXXXIV, col. 668.

[73] *Ibid.*, col. 670.

po del Redentore: «Floret in Vite nostra (...) rosa rubens et ardens: rubens sanguine passionis, ardens igne charitatis».[74] Il significato della fioritura dell'Eden ora appare più chiaro. Si tratta cioè di un momento-soglia: il pellegrino si sta preparando a lasciare il Purgatorio, dunque è nella condizione di vedere l'evento-chiave dell'intero viaggio, la crocefissione, come una fioritura dal colore più intenso che quello delle viole; tuttavia la sua visione è priva di carattere escatologico, essendo riferita alle vicende terrene: egli non può ancora contemplare gli effetti del sacrificio di Cristo nella schiera dei beati. Soltanto di fronte alla «milizia santa / che nel suo *sangue* Cristo fece sposa» (*Par.* XXXI, 2-3), dove Maria è «meridiana face / di *caritate*» (*Par.* XXXIII, 10-11) ciò sarà possibile: la rosa mostrerà allora il suo vero colore.

Mi sono dilungato nell'esposizione delle leggende del legno della croce, dell'albero del sole e della luna e dell'albero secco, perché esse costituiscono il tramite esemplare fra Gerusalemme e giardino dell'Eden, tra croce ed albero, con l'insistente mediazione, in particolare nel caso della leggenda del sacro legno, del motivo battesimale delle acque, che permette di fissare un'ulteriore equivalenza sul nostro asse spaziale. Cristo muore infatti nello stesso luogo dove è sepolto Adamo, e il suo sangue cade sulle ossa del «primo parente» lavandone il peccato originale. È questo un tema che si trova ampiamente rappresentato nell'iconografia medievale della Passione, che tende sovente a raffigurare un teschio alla base della croce, sulla base anche dell'etimo di «Gòlgota».

Da lungo tempo ormai la diffidenza nutrita dai dantisti nei confronti dell'immaginario popolare rappresentato dalla letteratura di visione[75] si è sensibilmente attenuata, in base al principio,

---

[74] *Ibid.*, XXXIII, *De flore charitatis, seu rosa rubente et ardente*, col. 708.

[75] I rapporti della *Commedia* con la letteratura di visione sono stati al centro dei saggi di C. De Vivo, *La visione di Alberico, ristampata, tradotta e comparata con la Divina Commedia*, Ariano, Apulo-Irpino, 1899; T. Silverstein,

di recente richiamato da Segre, che continuare a considerare Dante «troppo superiore alle sue eventuali fonti» costituisce un «assioma immobilizzante»;[76] anzi, come ha osservato Gurevič,[77] proprio la *Commedia* ha stimolato un rinnovato interesse per questo tipo di letteratura, ben rappresentato dal recente *Dante and the Medioeval Other Word* di Allison Morgan.[78] In ogni caso, anche se Dante ben difficilmente menziona simili «fonti» potenziali, la sua *Commedia* possiamo almeno dire si alimenti di un fondo simbolico ad esse comune: l'intuizione che – nelle parole di Eliade[79] – «la sacralità, la vita e l'immortalità si trovano in un centro»: ivi risiedono appunto l'albero e la croce. La cultura cristiana infatti sembra aver adattato ad essa, pur nella generale diffidenza e condanna, taluni elementi dell'immaginario pagano relativo all'albero, nelle sue principali determinazioni di asse cosmico e di tramite di una risalita.[80] Questo complicato processo

---

Inferno XII, 100-'26 and the Visio Karoli Crassi, in «Modern Language Notes», LI, 1936, pp. 449-452; R. Palgen, *La «Visione di Tundalo» nella «Commedia» di Dante*, in «Convivium», XXXVII, 2, 1969, pp. 129-'47. Un capitolo a sé riguarda l'influenza della cultura araba sul poema: cfr. M. Asin Palacios, *La escatología musulmana en la Divina Comedia. Seguida de la Historia y critica de una polémica*, Madrid-Granada, V.Maestre, 1943 (si tratta della terza ed. accresciuta; le tesi di Asín Palacios furono esposte per la prima volta in una conferenza all'Academia Española, e pubblicate a Madrid presso V. Maestre nel 1919); E. Cerulli, *Il «Libro della Scala» e la questione delle fonti arabo-spagnole della Divina Commedia*, Città del Vaticano, Biblioteca Apostolica Vaticana, 1949; U. Bosco, *Contatti della cultura occidentale e di Dante con la letteratura non dotta arabo-spagnola*, in *Dante vicino*, Caltanissetta-Roma, Sciascia, 1950, pp. 197-212.

[76] C. Segre, *Fuori del mondo. I modelli nella follia e nelle immagini dell'aldilà*, Torino, Einaudi, 1990, p. 34.

[77] A.J. Gurevič, *Contadini e santi. Problemi della cultura popolare nel Medioevo*, Torino, Einaudi, 1986 (1° ed. 1981), p. 182.

[78] A. Morgan, *Dante and the Medioeval Other World*, Cambridge Univ. Press, Cambridge, 1990; cfr. H.R. Patch, *The Other World according to Descriptions in Medieval Literature*, Harvard Univ. Press, Cambridge, Mass., 1950.

[79] M. Eliade, *Trattato di storia delle religioni*, p. 297.

[80] Cfr. V.N. Toporov, *L'«albero universale»*, cit., p. 190 sgg.; sia l'etimo dell'*ashvatta* che quello dell'*yggdrasil*, gli alberi cosmici rispettivamente della

si compie dapprima attraverso lo sviluppo delle potenzialità cosmologiche dell'albero della vita-croce, presenti sin dal *De pascha* dello Pseudo-Cipriano (III sec.),[81] unitamente al tema della scala di Giacobbe;[82] poi per mezzo una tradizione indipendente che, prendendo le mosse da *Isaia 11, 1*, rappresenta nell'albero di Iesse la ricapitolazione della storia dell'uomo; infine, intorno all'XI sec., assegnando alla simbologia un maggior grado di astrazione, e pervenendo così all'architettonica dell'albero dei vizi e delle virtù.[83] Sarebbe troppo lungo seguire l'intreccio di queste tradizioni: ci occuperemo soltanto di quegli aspetti che più esplicitamente pongono in parallelo le figure di Adamo e di Cristo sotto il comune denominatore della croce come albero secco che fiorisce.

Sulla base di Paolo, *Efesini*, 3, 17-18, nella croce si identificano quattro direzioni cardinali

> Habitare Christum per fidem in cordibus vestris, in caritate radicati et fundati, ut possitis conprehendere cum omnibus sanctis quae sit latitudo et longitudo et sublimitas et profundum;

i bracci della croce dunque simboleggiano la totalità del creato: «climata quadrati per brachia continet orbis», nelle parole di Goffredo di Viterbo;[84] essa «quadrum salvat mundum / sub quadri figura», come recita l'inno «Salve crux, arbor vitae praeclara»,[85] poiché Cristo sul Gòlgota ha disteso amorevolmente le

---

tradizione induistica e nordica, richiamano l'immagine del viaggio, significando il primo «luogo dove si fermano i cavalli», ed il secondo «cavallo di Odino».

[81] Cfr. E.S. Greenhill, *The Child in the Tree*, cit., pp. 338 sgg.

[82] *Genesi*, 28, 10-22.

[83] Decisiva l'influenza dei Vittorini: nel capitolo precedente si è citato ad esempio il *De fructibus carnis et spiritus* di Ugo di San Vittore.

[84] Goffredo di Viterbo, *Pantheon*, pars XIX, *De regalibus insignis*, in *P.L.* 198, col. 1007.

[85] *Hymni latini medii aevi*, cit., I, 142; vedi inoltre I, 144 per l'inno *Quadriforme crucis signum* e l'*Arbor alta, crux beata* ai vv. 31-36: «Crux regendo mundi cuncta / rite complet compita, / vesper, ortus, auster imus / et sinister aquilo, / messis, aestus, ver et frigus / his quadrata partibus» (*AHME*, 43, 24).

braccia a cingere l'intera umanità[86]. La tradizione esegetica cristiana tuttavia non si accontentava di questo semplice accostamento, e specificava per le quattro direzioni (*altitudo*, *profundum*, *longitudo* e *latitudo*) le virtù corrispondenti che il sacrificio di Cristo aveva mostrato agli uomini: rispettivamente la speranza, l'umiltà (Onorio Augustodunense) o la misericordia (Bernardo di Chiaravalle, *Legenda aurea*), la perseveranza e la carità.[87] D'altro lato si tendeva ad interpretare le lettere del nome «Adam» come le iniziali delle parole greche corrispondenti ad «oriente», «occidente», «settentrione» e «meridione», così da ricondurre con forza il destino del primo uomo a quello di Gesù.[88]

Quanto al tema di Cristo come fiore o frutto pendente dall'albero della vita, a parte i moltissimi spunti offerti dall'esegesi patristica, di cui abbiamo dato qualche esempio, esso appare uno dei motivi privilegiati dalla mistica, specialmente nel *Lignum vitae* di Bonaventura e nell'*Arbor vitae crucifixae Iesu* di Ubertino da Casale, e sostenuto dall'interpretazione di *Isaia*, 11, 1 di Cristo come «Virga de radice Iesse», riferimento a cui alludono gli alberi che nel *Liber concordiae* e nel *Liber figurarum* di Gioacchino da Fiore che rappresentano, come si è detto, le tappe generazionali della storia universale così come sono rappresentate dal Vecchio e dal Nuovo Testamento.[89] A parte l'ovvia influenza

[86] Vedi nota 50; vedi inoltre PIER DAMIANI, *De exaltatione sanctae crucis. Sermo XLVII*, in *P.L.* CXLIV, col. 762: «Astat Jesus in medio, quadrifaria sui corporis parte distentus et expansis manibus omnibus ad se ex omni parte venientibus amplissimum misericordiae sinum ostendit»; cfr. UBERTINO DA CASALE, *Arbor vitae crucifixae Iesu*, ed. cit., p. 372 sgg.

[87] AGOSTINO, *Sermo LIII*, in *P.L.* XXXVIII, col. 371; ONORIO AUGUSTODUNENSE, *De inventione sanctae crucis*, *P.L.* CLXXII, coll. 945-'46; ALANO DI LILLE, *Sermo de sancta cruce*, *P.L.* CCXIX, col. 225; JACOPO DA VARAZZE, *Legenda aurea*, ed. cit., p. 228 (LIII: *De passione Domini*).

[88] RABANO MAURO, *De laudibus sanctae crucis*, in *P.L.* CVII, col. 197; cfr. *Vita di Adamo ed Eva*, in *Gli apocrifi dell'Antico Testamento*, cit., p. 471.

[89] M. REEVES, *The «arbores» of Joachim of Fiore (Plates XV-XX)*, in «Papers of the British School of Rome», 24, 1956, pp. 124-136; vedi inoltre M. REEVES e

di *Giovanni*, 15, 4-6, estremamente importante per l'antitesi sterilità/fecondità è il già ricordato *Luca*, 23, 31 in cui Cristo, poco prima di essere crocefisso, pronunzia le parole: «Quia si in viridi ligno haec faciunt, in arido quid fiet?». Anche il passo di *Apocalisse*, 22, 2 era interpretato in questo senso: le foglie di Cristo-albero della vita sono le Scritture.[90] Uguale fortuna conosce l'immagine della fioritura: Bonaventura afferma che Gesù «qui in incarnatione floruit, in passione defloruit, sic in resurrectione refloruit»;[91] in precedenza Rabano Mauro,[92] richiamando *Cantico dei cantici*, 2, 1, aveva affermato che «flos enim Christum mystice significat». La *Legenda aurea* al solito compendia gran parte di questi motivi, e parla della croce prima della Passione come di «lignum» che «fructum minime faciebat», mentre con la crocefissione «infructuositas [transiit] in fertilitate».[93] Attraverso l'accostamento dei termini «virga» e «virgo» Maria tendeva ad essere rappresentata come il virgulto da cui Cristo ebbe origine, ad esempio in Tertulliano:[94] il fondamento di questa analogia introduce necessariamente il nodo fondamentale dell'utilizzazione in ambito cristiano delle connotazioni del parto tramite il simbolismo vegetale.

Esse facevano parte di in una tradizione antichissima, già attestata nel mito di Osiride e di Set, e motivata forse dalla pulsione archetipica della partenogenesi. La tradizione folklorica

---

B. Hirsch-Reich, *The Figurae of Joachim of Fiore*, Clarendon Press, Oxford, 1972.

[90] Vedi il commento di Ambrogio in *P.L.* XVII, col. 1050. Maria a sua volta è «rosa in che 'l verbo divino / carne si fece» e «bel fior» (*Par.* XXIII, 73 e 88).

[91] Bonaventura da Bagnoregio, *Lignum vitae*, cit., p. 81.

[92] Rabano Mauro, *De universo*, XIX, V, in *P.L.* CXI, col. 509; vedi il commento al *Cantico dei cantici* 2, 1-2 di Ambrogio, in *P.L.* XV, col. 1966, e di Onorio Augustodunense, in *P.L.* CLXXII, coll. 276-'77.

[93] Jacopo da Varazze, *Legenda aurea*, ed. cit., p. 605 (CXXXVII (130): *De exaltatione sanctae crucis*).

[94] C. Frugoni, *Alberi*, cit., p. 748.

analizzata da Propp, relativa al tema della nascita dell'albero sulla tomba,[95] è ricondotta, all'interno del suo aspetto rituale, all'avvenuta acquisizione di un carattere sacrificale, che vede non più l'animale ma l'uomo al centro della cerimonia; questo mutamento è situato da Propp in corrispondenza del passaggio dallo stadio delle società primitive fondate sulla caccia a quelle agricole.[96] Nella classicità alcuni miti conservano tale caratterizzazione vegetale del parto: nell'*Inno ad Apollo*, 116 Latona[97] genera Diana e Febo cingendo una palma; ancor più esplicito è il celebre episodio di Mirra in *Metamorfosi*, X, 489 sgg., mentre il carattere sacrificale del tema si propone nel mito di Cibele e Attis. A questo proposito la fortuna medievale del 25 marzo, equinozio di primavera, come data della crocefissione testimonia, secondo quanto osservò Frazer,[98] l'utilizzazione da parte del pensiero cristiano di un nucleo mitico più antico, quello relativo appunto al pino di Attis, che riuniva in sé, strettamente relati, i rituali di sacrificio e di rigenerazione. Alcune leggende medievali ricalcano fedelmente questa caratterizzazione in termini vegetali del parto e, più in generale, del perpetuarsi della vita, arricchendosi di apporti scritturali come *Cantico dei cantici*, 8, 5: è l'albero magico che aiuta il concepimento di Cristo,[99] oppure la palma che si china per cibare con i suoi datteri la Sacra Famiglia durante la fuga in Egitto nel *Vangelo dello Pseudo-Matteo*.[100] Esemplare in

---

[95] V. Propp, *L'albero magico sulla tomba*, in *Edipo alla luce del folklore*, Torino, Einaudi, 1975 (1ª ed. 1934), pp. 5-39; il nesso appare in tutta la sua trasparenza nel *Vangelo di Gamaliele*, 5, 2 (*Apocrifi del Nuovo Testamento*, a cura di L. Moraldi, cit., p. 669), nel momento in cui la Vergine trova vuota la tomba del Figlio: «Quando spuntò il giorno, mentre il suo cuore era abbattuto e triste, dalla destra dell'ingresso penetrò nella tomba un profumo aromatico: pareva il diffondersi del profumo dell'albero della vita».

[96] *Ibid.*, p. 28.

[97] Cfr. *Purg.* XX, 130-132.

[98] J.G. Frazer, *Il ramo d'oro*, Torino, Boringhieri, 1965, (1° ed. 1922), II, 564.

[99] O. Dähnhardt, *Natursagen*, cit., II, 10.

[100] *Vangelo dello Pseudo-Matteo* in *Vangeli apocrifi*, ed. cit., p. 727.

questo senso la vicenda della leggenda di Fanuel:[101] una delle figlie di Mosè si reca in un giardino e ingravida al profumo di una pianta magica; nasce Fanuel che, una volta cresciuto, si provoca un taglio su di una coscia: dalla ferita nascerà sant'Anna, madre della Vergine: si tratta della rifrazione dell'archetipo partenogenetico testimoniato pure da Ovidio (*Met.* III, 310-312) nel mito del figlio di Semele generato dalla coscia di Giove, e nella descrizione della procreazione degli abitanti della luna della *Storia vera* di Luciano. A conferma di ciò, nella tradizione iconografica Anna è sovente rappresentata in un contesto vegetale, ad esempio tra due alberi,[102] mentre alcuni inni, sulla base del solito *Isaia*, 11, 1, offrono interessanti sviluppi del motivo; prendiamo ad esempio l'inno «Gaude mater Anna, gaude»:

> Anna parit tres Marias,
> quarum primam Isayas
> praedixit divinitus
>
> virgam, florem producturam
> Virginemque parituram
> dono sancti Spiritus.
>
> Haec est radix Anna pia
> virga florens est Maria,
> Christus flos est inclitus.
>
> Digna radix est honore
> cuius virga tali flore
> faecondatur caelitus.[103]

La poesia italiana del XIII sec. non aveva mancato di sviluppare questo tema, specialmente nel *De cruce* di Bonvesin da la

---

[101] G. Cocchiara, *Il mondo alla rovescia*, Torino, Boringhieri, 1981, p. 14.

[102] *Dictionnaire d'archeologie chrétienne et de liturgie*, a cura di F. Cabrol e H. Leclercq, Paris, Letouzey et Ané, 1924-1953, s.v. «arbres», col. 2699.

[103] *Hymni latini medii aevi*, cit., II, 184, vv. 7-18; cfr. inoltre l'inno *Anna Mariam peperit*, in *AHME*, 14/b, 193.

Riva ed in alcune laude di Iacopone. La prima opera, allo stato di frammento, contiene un lamento della Vergine alla croce nel quale si legge:

> Quel frugio, lo qual dà vita,
> ke pende in ti, fi morto
>
> Co li impii porta pena
> e sta in reo deporto.[104]

Le laude 77, 78 e 84 di Iacopone presentano invece uno sviluppo assai elaborato; la prima riproponendo il tema delle quattro virtù simboleggiate dalle parti della croce[105] ed una psicomachia nella parte centrale; la seconda sviluppa invece il tema della salita dell'albero mistico, culminante nell'estasi:

> En me medesmo vinni meno,
> menato in quel ramo divino;
>
> tanto vidi cosa en pleno
> ch'el meo core ce fo annegato.[106]

L'ultima lauda infine contrappone all'albero delle virtù quello dei vizi, riprendendo l'antico significato cosmologico:

> Enn alto estendo le so rama
> e la cima è 'n che non pare.[107]

---

[104] BONVESIN DE LA RIVA, *De cruce*, Milano, All'insegna del Pesce d'Oro, 1979, p. 23. Faccio presente che anche una delle prime testimonianze della letteratura inglese, *Il sogno della croce*, attribuita a Cynewulf, riprende l'immagine mistica dell'albero della croce (CYNEWULF, *Il sogno della croce. Cristo*, a cura di A. Ricci, Firenze, Sansoni, 1983, ristampa dell'ed. 1926).

[105] «Fossa» = «profunda vilitate» (vv. 51-52); «ceppo» = «fede» (vv. 61-62); «stipete» (cioè tronco) = «speranza» (vv. 71-72); «rami» = «caritate» (vv. 81-82); cfr. *Laudi*, ed. cit., pp. 225-'26.

[106] *Ibid.*, p. 236, vv. 123-126.

[107] *Ibid.*, p. 257, vv. 171-172.

Questa intercambiabilità simbolica dell'albero e della croce si ripropone anche in ambito figurativo: Cristo crocefisso è spesso rappresentato fra due alberi, come nelle ampolle di Monza e di Bobbio,[108] e così pure Maria;[109] d'altra parte si tenga presente il modello scritturale di *Zaccaria*, 4, 2-3 : il candelabro con a lato due ulivi (e «albero» come «candelabro» abbiamo in *Purg.* XXIX, 43):

> Et dixi: «Vidi et ecce candelabrum aureum totum;
> et lampas eius super caput ipsius, et septem
> lucernae eius super illud septem, et septem
> infusoria lucernis
> quae erant super caput illius,
> et duae olivae super illud,
> una a dextris lampadis et una a sinistris eius»

II.2. *Maturazione spirituale e tipologia battesimale nella «Commedia»*

La strutturazione del viaggio dantesco, s'è detto all'inizio, si costituisce sulla base di un percorso a spirale attorno ad un asse, che ha come punto paradigmatico d'inizio la croce, come punto reale la selva, prosegue con due punti chiave – Lucifero e la «pianta dispogliata» dell'Eden (che, attraverso il riferimento al mistero della Passione, si fondano sulla commistione della simbologia dell'albero e di quella della croce), e si conclude al «centro» della rosa dei beati nella visione finale, parendo in tal modo realizzare fedelmente il motto programmatico dei Rosacroce: «Per crucem ad rosam». Le tradizioni leggendarie sinora illustrate sembrano offrire una preziosa chiave interpretativa dell'itinera-

---

[108] Per le ampolle di Monza e Bobbio vedi nota 55; un altro esempio è quello dell'affresco della chiesa di S.Pietro in Monte di Civate (Como), dell'XI sec. (cfr. C. FRUGONI, *Alberi*, cit., pp. 733 e 744).
[109] *Dictionnaire d'archeologie chrétienne*, cit., col. 2699.

rio dantesco nella sua globalità: quella cioè di un rigoglio ed una fioritura progressiva parallela all'evoluzione spirituale del pellegrino e al compimento del percorso che, è stato detto,[110] si costituisce come esatta antitesi di quello di Adamo, e comunque appare fortemente connotato, specialmente nelle prime due cantiche, dalla simbologia pasquale. Il viaggio – in particolare se assumiamo come data iniziale il Venerdì santo 8 aprile 1300 – riproduce la vicenda esemplare della passione, morte, resurrezione e ascensione di Cristo, richiamando nei momenti decisivi del percorso il rito battesimale, in cui peccato originale e sacrificio di Cristo si trovano indissolubilmente uniti: ecco l'origine simbolica dell'acqua che porterà alla vittoria sull'aridità infernale. Nell'avvicinarsi progressivamente a Dio, «etterno fonte» (*Purg.* XV, 132, ma anche *Par.* IV, 116 – «fonte ond'ogne ver deriva» –; *Par.* XXIV, 9 e XXXI, 93; *Epistola* V, 7 e *Monarchia*, II, 5, 7: il tutto sulla base di *Giovanni*, 4, 14), Dante consegue contemporaneamente la propria salvezza spirituale e la più piena realizzazione come poeta: «in sul fonte / del mio battesmo prenderò 'l cappello» (*Par.* XXV, 8-9). Per arrivare a questo però, si è resa necessaria una metamorfosi nello statuto del Dante-*agens* costituito attraverso la riacquisizione della libertà di arbitrio ottenuta per mano di Virgilio: «io te sovra te corono e mitrio» (*Purg.* XXVII, 142); come pure la formulazione di un'invocazione ad Apollo che, tuttavia, intende richiamare, attraverso la metafora del «vaso», l'esperienza paolina del rapimento al terzo cielo (*Inf.* II, 28 e *Par.* XXI, 127-'28 – *Atti degli Apostoli*, 9, 15 –):

O buono Appollo, a l'ultimo lavoro
fammi del tuo valor sì fatto vaso,
come dimandi a dar l'amato alloro.

(*Par.* I, 13-15)

---

[110] R. Mercuri, *Semantica di Gerione. Il motivo del viaggio nella Commedia di Dante*, Roma, Bulzoni, 1984, p. 135.

Dalla mezzanotte del peccato nella selva, Dante raggiunge il culmine della sterilità del peccato, Lucifero, che, compendiando in sé la simbologia dell'albero della croce,[111] rappresenta un antitipo di Cristo: il capovolgimento del pellegrino nel ghiaccio del Cocito costituisce, come si è detto, una deformazione grottesca del rito battesimale.[112] Dopo aver ritrovato l'orientamento attraverso il passaggio all'altro emisfero, il *viator*, seguendo il «ruscelletto» della «burella», arriva alla spiaggia dell'Eden, dove compie il rituale dell'abluzione e del giunco; il percorso purgatoriale si compirà nella visione della fioritura dell'albero secco, del carro e del gigante con la meretrice: Dante, dopo l'immersione nell'Eunoè, «come piante novelle / rinnovellate di novella fronda» (*Purg.* XXXIII, 143-144) è pronto al passaggio definitivo al regno celeste, la cui descrizione comporta una nuova trasformazione interiore, adombrata nel riferimento al mito di Glauco[113] (*Par.* I, 67-69); nella rosa dei beati la fioritura ha infine il suo trionfale compimento. È possibile ora completare l'osservazione già avanzata nelle pagine precedenti: il punto terminale del percorso delle tre cantiche disegna una circonferenza il cui centro è l'approdo del pellegrino: nell'*Inferno* il pozzo di Malebolge circondato dai giganti con al centro Lucifero; nel *Purgatorio* il circolo della processione attorno all'albero della conoscenza; nel *Paradiso* la «circulazion» che, secondo l'interpretazione di Freccero, come ruota di un carro,[114] è dotata di un moto circolare (il «disio») e

---

[111] Cfr. J. FRECCERO, *Il segno di Satana*, cit.

[112] A.K. CASSELL, *The Tomb, the Tower and the Pit*, cit., specialmente pp. 341 sgg.

[113] R. PALGEN, *Il mito di Glauco nella Divina Commedia*, cit.

[114] Se accostiamo il celebre episodio del «currus igneus» di Elia (2 *Re*, 2, 11), vero modello della contemplazione estatica del regno celeste, all'*Epistola* XI, 5, in cui, come si è già avuto modo di ricordare, le ruote carro della chiesa descrivono «manifestam orbitam crucifixi» (ed. cit., p. 582), possiamo avere una riconferma dell'importanza strutturale della figura della croce inscritta in un cerchio nell'organizzazione simbolica della *Commedia*.

progressivo (il «velle»), ed il cui centro è dappertutto.[115] Sarà un caso che la figura del cerchio con un punto al centro nella simbologia astrologica medievale rappresenti il sole, considerando il carattere «meridiano» del viaggio dantesco e la sua valenza cristologica?

La funzione di alcuni degli elementi simbolici summenzionati riferibili al rituale battesimale è stata puntualmente segnalata: il giunco che rinasce come il ramo d'oro di virgiliana memoria (*Eneide*, VI, 143 sgg.), in particolare, costituisce, ha affermato Ladner,[116] non soltanto una semplice allegoria dell'umiltà,[117] ma «an integral part of a whole ideology of spiritual renewal expressed in vegetative symbols»; nonché, si può aggiungere, la conferma della presentazione del *viator* come *typus Christi*: Dante si cinge i fianchi col giunco come il capo di Gesù portò la corona di giunchi e spine.[118] Ma tale pianta soprattutto richiama nelle Scritture la presenza dell'acqua: «Numquid vivere potest scirpus absque humore, aut crescet carectum sine aqua?» (*Giobbe* 8, 11); dunque, come si è detto, il riferimento all'elemento simbolico che permette il passaggio dall'aridità propria della prima cantica al rigoglio progressivo delle altre due, attraverso la morte al peccato e la sepoltura dell'*homo vetus* che il battesimo rende possibile.[119] È proprio in conseguenza di questo evento salvifico che la speranza «ha fior del verde» (*Purg.* III, 135), di contro al «disperato dolor» infernale (*Inf.* XXXIII, 5). Parallelamente alla serie dei riferimenti all'acqua nella *Commedia* corre quella degli accenni al «legno», termine polisemico, poiché denota sia l'albero, sia la croce, sia la barca, ovvero il simbolo del percorso testuale stesso: il significato del viaggio dantesco, condotto come si è detto

---

[115] J. Freccero, *L'immagine finale*, in *Dante*, cit., pp. 319-334.

[116] G.B. Ladner, *Vegetation Symbolism*, cit., p. 315.

[117] *Isaia*, 9, 13 e 19, 15.

[118] Per il significato rituale del gesto di cingersi i fianchi cfr. *Geremia*, 13, 1; per il giunco nella corona di spine *I viaggi di Giovanni Mandavilla*, cit., I, 17.

[119] P. Lundberg, *La typologie baptesimale dans l'ancienne église*, cit.

sull'asse croce-albero-rosa, non si comprende appieno, a mio avviso, se non si fanno reagire uno sull'altro questi tre significati di «legno», mantenendo come variabile, lungo le tre cantiche, l'assenza/presenza dell'acqua battesimale.

Accanto ai riferimenti al legno-albero è possibile dunque isolare – ed è stato in parte fatto da Paul Priest[120] – quelli relativi al legno-croce lungo tutto il percorso testuale. Si va, nella prima cantica, dal «segno di vittoria» che evoca la discesa di Cristo agli inferi (*Inf.* IV, 54), alla *crux diaboli* richiamata dalla citazione del *Vexilla regis* di *Inf.* XXXIV, 1; nella seconda dal «segno (...) di santa croce» dell'angelo nocchiero sulla spiaggia del *Purgatorio* (*Purg.* II, 49), al parallelo Beatrice-Maria di *Purg.* XXXIII; nella terza cantica infine dalle «tre croci» che indicano l'equinozio di primavera di *Par.* I, 39; alla «croce» in cui «lampeggiava Cristo» di *Par.* XIV, 104; alla visione finale. Bisogna poi aggiungere, per quanto riguarda l'episodio della croce del cielo di Marte, che ben tre manoscritti dell'antica vulgata (il Riccardiano 1005, il ms AG XII 2 della Biblioteca Braidense e il ms 1080 della Bibl. dell'Archivio Storico Civico e Trivulziana di Milano) attestano al v.108, al posto di «albòr», «vedendo in quell'*arbor* balenar Cristo». Una conferma di questo sistema analogico la possiamo inoltre ricavare dai rilievi testuali che contrappuntano il parallelismo tra la metafora arborea e quella della navigazione («legno»-barca, quindi), costituente com'è noto la cifra più significativa della rappresentazione del percorso testuale nel suo farsi. Tutte e tre le cantiche presentano, nella parte iniziale, un simile nesso. Dopo essersi smarrito nella selva ed aver veduto il colle, il pellegrino si sente

> (...) come quei che con lena affannata,
> uscito fuor del pelago a la riva,
> si volge a l'acqua perigliosa e guata
>
> (*Inf.* I, 22-24)

---

[120] P. Priest, *The Way of the Cross*, in *Dante's Incarnation of the Trinity*, Longo, Ravenna, 1982, pp. 60-88.

il *Purgatorio* parimente si apre col ricordo del «mar sì crudele» infernale e con l'annuncio delle «miglior acque» che saranno percorse dalla «navicella» dell'ingegno del poeta: alla fine del canto è situata poi l'azione rituale dell'abluzione e del giunco (*Purg.* I, 94-95). Infine, giusta l'avvenuto innalzamento stilistico e spirituale del viaggio, come ha rilevato Gorni,[121] dal giunco si passa all'alloro di *Par.* I, 15, che precede l'appello ai lettori avventuratisi «in picciioletta barca» e intenzionati a seguire imprudentemente il «legno che cantando varca» (*Par.* II, 1-3). In una delle più celebri profezie del *Paradiso* ritroviamo il nesso navigazione-crescita vegetale arricchito di un'ulteriore variabile simbolica:

> Ma prima che gennaio tutto si sverni
> per la centesma ch'è la giù negletta,
> raggeran sì questi cerchi superni,
> che la fortuna che tanto s'aspetta,
> le poppe volgerà u' son le prore,
> sì che la classe correrà diretta;
> e vero frutto verrà dopo 'l fiore.
>
> (*Par.* XXVII, 142-148)

La nave della Fortuna, si sa, appartiene al repertorio dell'immaginario pagano; se andiamo però a controllare ciò che Virgilio dice di lei nel settimo canto dell'*Inferno*, possiamo avere una conferma di come una lettura «paradigmatica» della *Commedia* (necessaria *scrutatio* che veramente testimonia l'intenzione dell'autore di accostare la propria opera alle *Scritture*), sia spesso in grado di rivelare tutta la portata innovativa della riscrittura dantesca dei modelli classici:

> Quest'è colei ch'è tanto posta in croce
> Pur da color che le dovrien dar lode,
> dandole biasmo a torto e mala voce.
>
> (*Inf.* VII, 91-93)

[121] G. GORNI, *Il nodo della lingua*, cit., p. 179.

«Porre a (...) croce» è l'espressione che Dante, nel corso dell'apostrofe a Pisa, userà per il vano sacrificio dei figli di Ugolino (*Inf.* XXXIII, 87), sottintendendo ancora una volta la Passione. La nave pagana in balia della bufera dunque si dissolve, cedendo il suo posto alla nave-Chiesa, il cui pennone è la croce, ed alla sua rotta provvidenziale. Se poi vogliamo trovare un antecedente dantesco che colleghi, com'è nel ventisettesimo canto del *Paradiso*, metafora nautica e tema della maturazione, non dobbiamo che rivolgerci al quinto capitolo del quarto libro del *Convivio*: volendo dimostrare l'«ottima disposizione» del mondo nel momento in cui Cristo decise di incarnarsi, Dante in questi termini tesse l'elogio dell'Impero:

> E però pace universale era per tutto, che mai più non fu né fia: ché la nave della umana compagnia dirittamente per dolce cammino a debito porto correa.

Quando si tratta d'altro lato di evocare «l'albergo (...) mondissimo e purissimo» nel quale il Figlio di Dio venne alla luce» (cfr. *Par.* XXIII, 105), il riferimento è, ancora una volta, alla «virga de radice Iesse» di *Isaia*, 11, 1 (*Convivio*, IV, 5, 6).

Si diceva del ruolo dell'acqua battesimale in rapporto al «legno». È facile mostrare come questa funzione vivificante nei confronti del «legno» si richiami direttamente alle Scritture. L'albero della vita di *Apocalisse*, 22, 1-2 si trova piantato nel fiume che scaturisce dal trono di Dio

> Et ostendit mihi fluvium aquae vitae splendidum tamquam cristallum procedentem de sede Dei et agni in medio plateae eius et ex utraque parte fluminis lignum vitae;

l'acqua garantisce la vita all'albero del *Salmo* 1, 3 simbolo dell'uomo giusto; essa sgorga dal santuario o da Gerusalemme e porta illimitata fecondità:

> Et super torrentem orietur, in ripis eius ex utraque parte, omne lignum pomiferum, non defluet folium ex eo et non deficiet fructus eius,

per singulos menses adferet primitiva, quia aquae eius de sanctuario egredientur.

(*Ezechiele*, 47, 12)

In die illa erit fons patens domus David et abitantibus Hierusalem in ablutionem peccatoris et menstruatae;

(*Zaccaria*, 13, 1)

ed un simile significato figurale è racchiuso pure in *Giobbe*, 29, 19, *Isaia*, 44, 2-4 e *Geremia*, 17, 7-8:

Radix mea aperta est secus aquas et ros morabitur in messione mea.

Noli timere, serve meus Iacob, et Rectissime quem elegi, effundam enim aquas super sitientem et fluenta super aridam. Effundam spiritum meum super semen tuum, et benedictionem meam super stirpem tuam; et germinabunt inter herbas quasi salices iuxta praeterfluentes aquas.

Benedictus vir qui confidit in Domino et erit Dominus fiducia eius. Et erit quasi lignum quod transplantatur super aquas, quod ad humorem mittit radices suas; et non timebit cum venerit aestus, et erit folium eius viride; et in tempore siccitatis non erit sollicitum, nec aliquando desinet facere fructum.

È già stata rilevata l'insistenza con la quale tradizioni come la leggenda del legno della croce associavano l'albero all'acqua: nella visione di Seth si fa riferimento ai quattro fiumi del paradiso attorno all'albero secco; in alcune versioni della stessa leggenda,[122] Mosè pianta le tre verghe a Moab, presso il Giordano, il fiume del battesimo di Gesù; il legno viene poi utilizzato per la costruzione di un ponte su di un corso d'acqua, infine collocato nella piscina probatica. Questo insieme di riferimenti sottende evidentemente il ruolo soteriologico della croce, come viene confermato dalla tradizione esegetica; Daniélou precisa infatti

[122] A. Mussafia, *Sulla leggenda del legno della croce*, cit., p. 181; ricordo poi che nell'*Itinerarium* di Antonino da Piacenza si parla di una croce piantata nel Giordano nel punto in cui Cristo fu battezzato (*CSEL*, 39, 200).

che, allorquando i santi Padri accostano il legno-croce all'acqua si manifesta una «volontà di orientare le figure nel senso dell'azione vivificante della croce».[123] Persino il bastone di Mosé che percuote la roccia e ne fa scaturire acqua (*Numeri*, 20, 8-9) – azione che nella leggenda del legno della croce è compiuta per mezzo delle verghe dell'albero di Seth – è interpretata come figura della crocefissione, che ha reso possibile l'esistenza dell'«aqua redemptionis».[124] Tale esegesi si ripropone per il miracolo della divisione del mar Rosso («tu autem eleva virgam tuam et extende manum super mare et divide illud»: *Esodo*, 14, 16): la similitudine è ribadita pure dall'inno *Salve, crux laudabilis*, ai vv. 13-15: «Virga mare reserans, / Israhelem liberans / Moysi regimine».[125] Lo stesso dicasi per il diluvio; non per nulla la colomba col ramoscello di ulivo (*Genesi*, 8, 11) che annuncia a Noè l'avvenuto ritirarsi delle acque diviene simbolo pasquale. È la simbologia del *thau* stavolta a costituire il legame con la croce redentrice: l'arca di Noè è di trecento cubiti (*Genesi*, 6, 15), dimensione appunto rappresentata dalla «T», la lettera che, secondo Pier Damiani, «figuram crucis continet».[126] In secondo luogo, da un lato le forme grafiche arcaiche del *thau* sono «X» e «+», ovvero simboli cristologici; dall'altro al *thau* corrisponde, in ambito cristiano-giudaico, l'omega, simbolo associato, unitamente all'alfa, nella letteratura profetica e apocalittica[127] all'immagine del Dio che è principio e fine[128] e ben nota a Dante:

---

[123] J. Daniélou, *La teologia del giudeo-cristianesimo*, cit., p. 380.

[124] Vedi poi l'esegesi relativa all'episodio del bastone di Aronne che fiorisce in *Numeri*, 17, 20.

[125] *Hymni latini medii aevi*, cit., I, 143.

[126] Pier Damiani, *Homilia de exaltatione sanctae crucis. Sermo XLVIII*, in *P.L.* CXLIV, col. 769. Cfr. l'inno *Arbor salve sanctissima* ai vv. 19-20: «Tu thau signatum frontibus / Victrixque signum saeculi» (*AHME*, 14/a, 82).

[127] Cfr. *Isaia*, 44, 6 e 48, 12; *Apocalisse*, 1, 8; 21, 6 e 22, 13.

[128] B. Leoni, *La croce e il suo segno*, cit., pp. 84-88. Non va infine dimenticato il *thau* segnato dall'angelo sterminatore sulla fronte dei giusti destinati alla salvezza di *Ezechiele*, 9, 4-6, particolare sicuramente tenuto presen-

Lo ben che fa contenta questa corte,
Alfa e O è di quanta scrittura
mi legge Amore o lievemente o forte.

(*Par.*XXVI, 16-18)

Anche la tradizione iconografica conferma questa trafila simbolica: il neofita che si appresta a ricevere il battesimo è spesso raffigurato tra un albero spoglio – simbolo del peccato originale –, ed uno rigoglioso – quello della vita, la cui presenza è garantita appunto dall'«acqua di vita» –.[129]

Nella *Commedia* l'analogia tra Adamo e Cristo è giocata sulla base di uno sfondo semantico di tipo vegetale: Cristo è difatti chiamato «melo / che del suo pome gli angeli fa ghiotti» (*Purg.* XXXII, 73-74); in *Par.* XXIII, 73-74 «rosa in che 'l verbo divino / carne si fece»; infine in *Par.* XXXIII, 9 «fiore» «germinato» nel seno di Maria. Adamo d'altra parte è definito in *Purg.* XXVIII, 142 «umana radice»; «radice» di Maria in *Par.* XXIII, 120, unitamente a san Pietro; infine in *Par.* XXVI, 91-92 «pomo che maturo / solo prodotto fosti». Non a caso ritroviamo il nesso albero/Adamo – croce/Cristo nella balza purgatoriale dei golosi: come il peccato di Adamo consistette nel gustare il frutto proibito, così le anime dei golosi sono costrette a desiderare vanamente l'acqua ed i frutti degli alberi che la volontà divina ha collocato:

E non pur una volta, questo spazzo
girando, si rinfresca nostra pena:
io dico pena, e dovria dir sollazzo,

---

te da Dante per la rappresentazione dell'evoluzione spirituale del pellegrino nella seconda cantica. Sulla questione della forma abbreviata di «omega» in *Par.* XXVI, 16-18, cfr. B. Nardi, *Tre brevi note alla «Commedia»*, in *Saggi e note di critica dantesca*, Milano, Ricciardi, 1966, pp. 317-320.

[129] G. De Champeaux - S. Sterckx, *Introduction au mond des Symboles*, s.l., Zodiac, 1966, p. 323; *Dictionnaire d'archoeologie chrétienne*, cit., col. 2704; *Enciclopedia dell'arte medievale*, Roma, Ist. della Enciclopedia Italiana, 1991 sgg, s.v. «albero» (C. Lapostolle), I, 305-306.

ché quella voglia a li alberi ci mena
che menò Cristo lieto a dire «*Elì*»
quando ne liberò con la sua vena.

(*Purg.* XXIII,70-75)

Si tenga inoltre presente che, se anche il secondo albero che Dante, Virgilio e Stazio incontrano nella balza dei golosi appare, come il precedente e come quello dell'Eden, restringersi nella parte bassa, dando l'impressione di essere capovolto (*Purg.* XXII, 133-135 e XXXII, 40-41), la notazione di *Purg.* XXIV, 116-117 («legno è più sú che fu morso da Eva, / e questa pianta si levò da esso») riproduce il rapporto tra gola e peccato originale in termini di assoluta specularità visiva. Anche in questo caso sembra più giusto affermare che i due alberi del *Purgatorio appaiono* capovolti a Virgilio, alle anime e a Dante più di quanto effettivamente non lo siano: il pellegrino non ha ancora superato il muro di fuoco né raggiunto il piano dell'Eden, che segna la fine della presenza del peccato, dunque non può che avere una visione capovolta dell'Albero della Vita/Conoscenza del bene e del male.

Non sorprenderà poi, dato lo stretto rapporto simbolico che lega Dante personaggio alla figura di Adamo ed a quella di Cristo, vere matrici simboliche del viaggio, che anch'egli sia rappresentato attraverso una metafora arborea. In *Inf.* II, 127-130 Dante paragona il sollievo offerto dalle parole di Virgilio, poco prima di intraprendere il percorso infernale, al turgore dei «fioretti» raggiunti dai raggi del sole dopo una nottata di gelo:[130]

Quali fioretti dal notturno gelo
chinati e chiusi, poi che 'l sol li 'mbianca,
si drizzan tutti aperti in loro stelo,
tal mi fec'io di mia virtude stanca;

---

[130] Vedi *Rime*, 43, vv. 20-48, cito dall'ed. a cura di G. Contini, Torino, Einaudi, 1980, p. 154: «Passato hanno lor termine le fronde / che trasse fuor la vertù d'Ariete / per adornare il mondo, è morta è l'erba; / ramo di foglia verde a

allo stesso modo, la fiducia infusa al pellegrino dal contegno di San Benedetto è descritta nei termini del dispiegamento totale dei petali di una rosa al sole:

E io a lui: «L'affetto che dimostri
meco parlando, e la buona sembianza
ch'io veggio e noto in tutti li ardor vostri,
così m'ha dilatata mia fidanza,
come 'l sol fa la rosa quando aperta
tanto divien quant'ell'ha di possanza».

(*Par.* XXII, 52-57)

Beatrice mette in relazione la condizione peccaminosa di Dante precedente il viaggio salvifico ad un «mal seme» piantato in un campo che ha «buon vigor terrestro» (*Purg.* XXX, 118-120); mentre nella balza dei lussuriosi il poeta spiega di compiere il suo itinerario in carne ed ossa attraverso la perifrasi «non son rimase acerbe né mature / le membra mie di là, ma son qui meco / col sangue suo e con le sue giunture.» (*Purg.* XXVI, 55-57). Abbiamo poi già menzionato il parallelo finale del *Purgatorio* delle «piante novelle / rinnovellate di novella fronda»: non rimane che concludere questa breve rassegna con due ultime attestazioni: il momento in cui Cacciaguida-«radice» si rivolge a Dante chiamandolo «(...) o fronda mia in che io compiacemmi» (*Par.* XV, 88-89); e la similitudine di *Par.* XXVI, 85-90 all'inizio del colloquio con Adamo:

Come la fronda che flette la cima
nel transito del vento, e poi si leva
per la propria vertù che la soblima,

---

noi s'asconde / se non se in lauro, in pino o in abete / o in alcun che sua verdura serba; / e tanto è la stagion forte ed acerba / ch'ha morti li fioretti per le piagge, / li quai non poten tollerar la brina». Fa ricorso ad una simile topica anche Boccaccio: *Rime*, XXXVII e 14 (ed. a cura di V. Branca, Bari, Laterza, 1939, pp. 22 e 82).

fec'io in tanto quant'ella diceva,
stupendo, e poi mi rifece sicuro
un disio di parlare ond'io ardeva.[131]

Più in generale, estremamente significativo è il fatto che alla metafora arborea nella *Commedia* sia demandato il compito di rappresentare i processi relativi alla nascita, crescita e sviluppo differenziato delle creature viventi nel mondo sublunare:

Ogne forma sustanzïal, che setta
è da matera ed è con lei unita,
specifica vertute ha in sé colletta,
la qual sanza operar non è sentita,
né si dimostra mai che per effetto,
come per verdi fronde in pianta vita.

(*Purg.* XVIII, 49-54)

L'immagine ritorna per la spiegazione delle «causae secundae»:

Sempre natura, se fortuna trova
discorde a sé, com'ogne altra semente
fuor di sua regïon, fa mala prova.

(*Par.* VIII, 139-141)

Ond'elli avvien ch'un medesimo legno
secondo specie, meglio e peggio frutta;
e voi nascete con diverso ingegno.

(*Par.* XIII, 70-72)

D'altra parte Dante in tal modo non fa che portare a compimento un aspetto già presente in *Convivio*, IV, XXI, 12 sgg e IV, XXIII, 3-4, passi che discutono rispettivamente i doni dello Spirito Santo offerti dalla «divina Carità» e le modalità dell'infusione delle capacità sensoriali e razionali nell'anima umana:

---

[131] L'influenza di *Matteo*, 3, 17 su *Par.* XV, 88-89 è sicura; quanto alla similitudine di *Par.* XXVI, 85-90 G. Getto osserva: «dopo i tanti alberi mistici

Oh buone biade, e buona e ammirabile sementa! E oh ammirabile e benigno Seminatore, che non attende se non che la natura umana li apparecchi la terra a seminare! E beati quelli che tale sementa coltivano come si conviene! Ov'è da sapere che 'l primo e lo più nobile rampollo che germogli di questo seme, per essere fruttifero, si è l'appetito de l'animo, lo quale in greco è chiamato «hormen». E se questo non è buono, culto e sostenuto diritto per buona consuetudine, poco vale la sementa, e meglio sarebbe non essere seminato. E però vuole santo Augustino, e ancora Aristotile nel secondo de l'*Etica*, che l'uomo s'ausi a ben fare e a rifrenare le sue passioni, acciò che questo tallo, che detto è, per buona consuetudine induri, e rifermisi nella sua rettitudine, sì che possa fruttificare, e del suo frutto uscire la dolcezza de l'umana felicità.

(...) è da sapere che questo seme divino (...) ne la nostra anima incontanente germoglia, mettendo e diversificando per ciascuna potenza de l'anima, secondo la essigenza di quella. Germoglia dunque per la vegetativa, per la sensitiva e per la razionale; e dibrancasi per le vertuti di quelle tutte, dirizzando quelle tutte a le loro perfezioni, e in quelle sostenendosi sempre, infino al punto che, con quella parte de la nostra anima che mai non muore, a l'altissimo e gloriosissimo Seminadore al cielo ritorna.

In *Purg.* XXV, 52-54 il tema si arricchisce della metafora nautica: la differenza tra la creatura umana allo stadio embrionale, dotata di sola anima vegetativa, e la pianta, consiste nel fatto che «questa è in via, e quella è già a riva». Accanto agli esiti della crescita biologica stanno quelli relativi all'evoluzione spirituale

---

che stendono i loro rami, sovente aridi di poesia, nelle *Laudi* di Iacopone e nelle pagine di altri scrittori religiosi, questi alberi danteschi, anche se confinati nell'angolo di una similitudine, contribuiscono a conferire al poema un senso di vita, una verde bellezza» (*Il canto della carità*, in *Aspetti della poesia di Dante*, cit., p. 116). Più in generale, la similitudine uomo-albero è antichissima: si pensi alla coppia originaria di uomini-cespuglio dello Zoroastrismo, oppure, come già si è ricordato, a *Timeo* 90 A (passo che tuttavia non compare nelle versioni medievali), che introduce il tema dell'uomo come albero capovolto: cfr. A.K. COOMARASWAMY, *L'albero rovesciato*, cit., p. 333; e C.M. EDSMAN, *Arbor inversa. Heiland, Welt und Mensch als Himmelspfauzen*, in *Festschrift Walter Baetke*, a cura di K. Rudolph, H.Bohlaus, Weimar, 1966.

dell'individuo, e in questo senso appaiono fondamentali le similitudini evangeliche dell'albero che va giudicato dalla qualità dei suoi frutti di *Luca*, 6, 43-44 e *Matteo* 7, 16-17 e 12, 33, spunto ripreso nel discorso di Tommaso sull'imperscrutabilità del destino dell'uomo:

> Non sien le genti, ancor, troppo sicure
> a giudicar, sì come quei che stima
> le biade in campo pria che sien mature
>
> (*Par.* XIII, 130-132)

mentre in *Purg.* XVI, 114 esso appare invertito di segno: «ogn'erba si conosce per lo seme».[132]

L'articolazione più pregnante del motivo della fioritura tuttavia – e siamo alle battute conclusive – si attua nel momento in cui Dante rappresenta la destinazione finale del proprio viaggio, quando l'acquisita maturazione interiore gli permetterà di godere dei frutti spirituali del paradiso. «Lascio lo fele e vo per dolci pomi», dice il pellegrino a Guerra, Aldobrandi e Rusticucci (*Inf.* XVI, 61); per convincere Dante ad attraversare il muro di fuoco, Virgilio gli ricorda Beatrice, «indi sorrise / come al fanciul si fa ch'è vinto al pome» (*Purg.* XXVII, 44-45); giunto poi sulla soglia dell'Eden, egli annuncia al pellegrino che otterrà «quel dolce pome che per tanti rami / cercando va la cura de' mortali» (*Purg.* XXVII, 115-116) – dunque con significato opposto ai «poma tua desiderii animae» di *Apocalisse*, 18, 14 segnalati da Marzot;[133] sicura invece, in questo caso, l'influenza dell'etimologia isidoriana: «poma dicta ab "opimo", id est, a copia ubertatis» –.[134] Una volta raggiunta la garanzia di salvezza del regno

---

[132] Cfr. IACOPONE DA TODI, *Laudi*, 89, vv. 153-154, ed. cit., p. 284: «Arbore sì è approvata per l'ordene del frutto, / el qual demustra tutto de omne cosa valore».

[133] G. MARZOT, *Il linguaggio biblico nella Divina Commedia*, Pisa, Nistri-Lischi, 1956; per le similitudini vegetali vedi pp. 286 sgg.

[134] ISIDORO DI SIVIGLIA, *Ethimologiarum libri XX*, ed. cit., XVII, VI, 24.

purgatoriale, non resta alle anime (e a Dante) che affrettarsi il più possibile per conseguire il fine ultimo del proprio desiderio:

«Ratto, ratto, che 'l tempo non si perda
per poco amor» gridavan li altri appresso,
«che studio di ben far grazia rinverda».

(*Purg.* XVIII, 103-105)

Se l'Eden è il luogo della primavera eterna (*Purg.* XXVIII, 143), è nel *Paradiso* che il processo di maturazione spirituale e ontologica giunge al culmine. Nell'Empireo «è perfetta, matura e intera / ciascuna disïanza» (XXII, 64-65); ivi è realizzato quel compimento che è impossibile ottenere nello stato imperfetto della vita terrena: «ciò che vien qua su del mortal mondo, / convien ch'ai nostri raggi si maturi» (XXV, 35-36), afferma S.Giacomo. Le «ventiquattro piante» del cielo del sole sono germogliate dal «seme» della fede (XII, 95-96), mentre gli spiriti contemplativi sono «accesi di quel caldo / che fa nascere i fiori e' frutti santi» (XXII, 47-48); la rosa dei beati infine, completa di tutti i seggi, è un «fiore (...) maturo di tutte le sue foglie» (XXXII, 22-23). Un ruolo importante in questo sistema simbolico è giocato dalla metafora del buon agricoltore, cara soprattutto a *Matteo* (13, 3-9; 20 e 21): san Domenico è «agricola di Cristo» (XII, 71); i beati «arche ricchissime che fuoro / a seminar qua giù buone bobolce» (XXIII, 131-132); Dio stesso è «l'ortolano etterno» (XXVI, 65). Dante aveva già sperimentato la funzionalità di tale campo metaforico sul tema politico dell'*Epistola* V, 6, nel corso di una fervente *consolatio* alla nazione italica: in tale contesto il *bonus agricola* era naturalmente Arrigo VII:

Exsicca lacrimas et meroris vestigia dele, pulcerrima, nam prope est qui liberabit te de carcere impiorum; qui percutiens malignantes in ore gladii perdet eos, et vineam suam aliis locabit agricolis qui fructum iustitiae reddant in tempore messis.[135]

---

[135] *Epistola* V, 6, ed. cit., p. 542.

Si ricorderà parimente che la *Monarchia* si apre con la citazione del *Salmo* 1, 3 del giusto come «lignum, quod secus decursus aquarum fructificat in tempore suo», dove la sterilità da rifuggire è quella di chi non applica per il bene comune la propria abilità politica. Lo sviluppo del tema della maturazione nel *Paradiso* sembra invece usufruire dei dati scritturali e della tradizione esegetica fiorita attorno ad essi in maniera più completa e diretta; Ambrogio nel commento a *Luca*, 6, 44 aveva infatti affermato che «immatura nostra vita est in corpore, matura in resurrectione»:[136] passo sicuramente influenzato da Paolo, *Galati*, 6, 8:

> Quae enim seminaverit homo, haec et metet. Quoniam qui seminat in carne sua, de carne et metet corruptionem; qui autem seminat in spiritu, de spiritu metet vitam aeternam.

Centrale, nello sviluppo della metafora del buon agricoltore, è naturalmente il canto di san Domenico; Carlo Delcorno ha mostrato che l'immagine del torrente, che spazza via gli «sterpi eretici» (*Par.* XII, 99-100), e che concorre a formare i «rivi / onde l'orto cattolico si riga» (vv.103-104) è patrimonio comune dell'omiletica medievale, facente capo in particolare al libro di *Ester*, 10, 6 («Parvus fons, qui crevit in fluvium et in lucem solemque conversus est, et in aquas plurimas redundavit»), nonché a *Proverbi*, 5, 16: «Deriventur fontes tui foras et in plateis aquas tuas divide»: è soprattutto Remigio dei Girolami che offre le analogie più interessanti col testo dantesco.[137]

È tempo di chiudere la lunga catena di questo crocevia simbolico. Il carattere non più di semplice ascesa, ma di paradossale *salita-sprofondamento*[138] del viaggio dantesco nella terza can-

---

[136] Ambrogio, *Expositio Evangelii secundum Lucam*, ad 13, 6, in *CSEL* 32/IV, 214 sgg.

[137] C. Delcorno, *Cadenze e figure della predicazione nel viaggio dantesco*, in *Letture classensi*, vol. 15, Ravenna, Longo, 1986, pp. 41-60; cfr. pp. 54 sgg; vedi anche C. Ossola, *«Coi piè ristetti e con li occhi passai»*, cit., pp. 54-55.

[138] M. Casella, *Le guide di Dante*, cit., p. 34.

tica è sottolineato dagli stessi attributi del regno celeste, «albero che vive de la cima / e frutta sempre e mai non perde foglia» (*Par.* XVIII, 29-30): non si tratta propriamente di un albero capovolto che prende dall'alto il suo nutrimento, come il *nyagrodha* induistico,[139] quanto di un simbolo in cui radice e rami, principio e fine, causa ed effetto sono identici, dunque intercambiabili. Il mistero di questa onnidirezionalità è compendiato in Dio, «d'ogne ben frutto e radice» (*Purg.* XVII, 135). Il pellegrino è oramai giunto agli antipodi della sterilità infernale, dove può compiersi la sua maturazione spirituale più profonda: infinitamente lontano, dunque, dalla nefasta presenza di quell'angelo ribelle che «per non aspettar lume cadde acerbo» (*Par.* XIX, 48).

---

[139] A.K. Coomaraswamy, (*L'albero rovesciato*, cit., p. 333) suppone che per questo aspetto il *nyagrodha* si possa contrapporre all'*ashvatta*, l'«Albero diritto».

INDICE DEI NOMI

LUOGHI DELLA *COMMEDIA* CITATI

Inferno

Purgatorio

INDICE DEI PASSI SCRITTURALI

INDICE GENERALE

FINITO DI STAMPARE
NELLA TIPOGRAFIA GIUNTINA
IN FIRENZE
SETTEMBRE 1994

BIBLIOTECA DI «LETTERE ITALIANE»
Studi e Testi
(cm 17×24)

1 Sanguineti, E., *Interpretazione di Malebolge.* 1961. Esaurito

2. Martelli, M., *Studi laurenziani.* 1965. Esaurito

3. Lonardi, G., *L'esperienza stilistica del Manzoni tragico.* 1965, xii-160 pp.

4. Güntert, G., *Un poeta scienziato del Seicento: Lorenzo Magalotti.* 1966, xii-176 pp.

5. Saccenti, M., *Lucrezio in Toscana. Studio su Alessandro Marchetti.* 1965, viii-360 pp. con 6 tavv. f.t.

6. Alonge, R., *Il teatro dei Rozzi di Siena.* 1967, xxii-206 pp.

7. Getto, G., *Studio sul «Morgante».* 1967, iv-214 pp.

8. Tessari, R., *La commedia dell'arte nel Seicento. «Industria» e «Arte giocosa» della cività barocca.* 1969. Ristampa 1980, viii-292 pp.

9. Ossola, C., *Autunno del Rinascimento. «Idea del Tempio» dell'arte nell'ultimo Cinquecento.* 1971, viii-312 pp. con 1 tav. f.t.

10. De Stefanis Ciccone, S., *La questione della lingua nei periodici letterari del primo Ottocento.* 1971, viii-334 pp. con 20 ill.

11. Pirotti, U., *Benedetto Varchi e la cultura del suo tempo.* 1971, viii-300 pp.

12. Cattin, G., *Il primo Savonarola. Poesie e prediche autografe dal Codice Borromeo.* 1973, xvi-340 pp. con 8 tavv. f.t.

13. Girardi, E. N., *Studi su Michelangelo scrittore.* 1974, viii-216 pp.

14. Delcorno, C., *Giordano da Pisa e l'antica predicazione volgare.* 1975, xii-436 pp.

15. Goudet, J., *D'Annunzio romanziere.* 1976, 320 pp.

16. Giustiniani, V.R., *Il testo della «Nencia» e della «Beca» secondo le più antiche stampe.* 1976, viii-180 pp. con 1 tav. f.t. e 5 tavv. f.t.

17. Franceschetti, A., *L'Orlando Innamorato e le sue componenti tematiche e strutturali.* 1975, viii-276 pp.

18. Suitner, F., *Petrarca e la tradizione stilnovistica.* 1977, 192 pp.

19. Di Meglio, G. M., *Rime.* A cura di G. Brincat. 1977, xii-160 pp.

20. Pezzarossa, F., *I poemetti sacri di Lucrezia Tornabuoni.* 1978, 272 pp.

21. Padoan, G., *Il Boccaccio, le muse, il Parnaso e l'Arno.* 1978, vi-306 pp. Ristampa 1993.

22. Castellani Pollidori, O., *Niccolò Machiavelli e il «Dialogo intorno alla nostra lingua».* 1978, 288 pp.

23. Delcorno Branca, D., *Sulla tradizione delle rime del Poliziano.* 1979, 196 pp.

24. *Umanesimo e Rinascimento.* Studi offerti a Paul Oskar Kristeller da V. Branca, A. Frugoni, E. Garin, V.R. Giustiniani, S. Mariotti, A. Perosa, C. Vasoli. 1980, 176 pp con 3 ill. f.t.

25. Ferraris, A., *Ludovico di Breme. Le avventure dell'utopia.* 1981, 224 pp.

26. Simone da Cascina, *Colloquio spirituale.* A cura di F. Dalla Riva. 1982, xii-236 pp.

27. De' Giorgi Bertola, A., *Diari del viaggio in Svizzera e in Germania (1787) con un'appendice di documenti inediti o rari.* A cura di M. e A. Stäuble. 1982, 376 pp.

28. Hollander, R., *Il Virgilio dantesco. Tragedia nella «Commedia».* 1983, 156 pp.

29. Bec, C., *Les livres des florentines (1413-1608).* 1984, 360 pp.

30. Bellina, A.L., *L'ingegnosa congiunzione. «Melos» e immagine nella favola per musica.* 1984, 154 pp.

31. Balduino, A., *Boccaccio, Petrarca e altri poeti del Trecento.* 1984, 344 pp.

32. De Giorgi Bertola, A., *Viaggio sul Reno e ne' suoi contorni.* A cura di M. e A. Stäuble. 1986, 192 pp. con 7 tavv. f.t. e 1 carta ripiegata.

33. Meltzoff, S., *Botticelli, Signorelli and Savonarola.* Theologia poetica *and painting from Boccaccio to Poliziano.* 1987, vi-426 pp. con 115 ill. f.t.

34. Santato, G., *Alfieri e Voltaire. Dall'imitazione alla contestazione.* 1988, viii-188 pp.

35. Guardiani, F., *La meravigliosa retorica dell'*Adone *di G.B. Marino.* 1989, 166 pp.

36. Finotti, F., *Sistema letterario e diffusione del Decadentismo nell'Italia di fine '800. Il carteggio Vittorio Pica-Neera.* 1988, 176 pp.

37. *Attilio Momigliano.* Atti del convegno di studi. A cura di A. Biondi. 1990, viii-228 pp.

38. Prandi, S., *Il «Cortegiano» ferrarese. I «Discorsi» di Annibale Romei e la cultura nobiliare del Cinquecento.* 1990, 250 pp.

39. Caliaro, I., *D'Annunzio lettore-scrittore.* 1991, 140 pp.

40. Baldissone, G., *Le voci della novella. Storia di una scrittura da ascolto.* 1992, 290 pp.

41. Waquet, F., *Rhétorique et poétique chrétiennes. Bernardino Perfetti et la poésie improvisée dans l'Italie du XVIII siècle.* 1992, 228 pp.

42. Forni, P.M., *Forme complesse nel «Decameron».* 1992, 156 pp.

43. Kirkham, V., *The Sign of Reason in Boccaccio's Fiction.* 1993, 286 pp. con 16 tavv. f.t.

44. Migliore, S., *Tra Hermes e Prometeo. Il mito di Leonardo nel Decadentismo europeo*, 1994, iv-310 pp.

45. Pindemonte, I., *Lettere a Isabella (1784-1828).* A cura di G. Pizzamiglio. In preparazione

46. *Tra Storia e Simbolo. Studi dedicati a Ezio Raimondi dai Direttori e Redattori e dall'Editore di «Lettere Italiane».* In preparazione

47. Leri, C., *Sull'arpa a dieci corde. Traduzioni letterarie dei Salmi (1641-1780).* 1994, 202 pp.

48. Rossellini, I., *Nel «trapassar del segno». Idoli della mente ed echi della vita nei «Rerum vulgarium fragmenta».* In preparazione

49. Denina, C., *Dell'impiego delle persone.* A cura di C. Ossola. In preparazione

50. Branca, V., *La sapienza civile. Studi sull'Umanesimo a Venezia.* In preparazione

SAGGI DI «LETTERE ITALIANE»

cm 14,5 × 20,5

1 GALIMBERTI, C., *Linguaggio del vero in Leopardi.* 1959. Ristampa 1986, 168 pp.

2. RAIMONDI, E., *Letteratura barocca. Saggi sul Seicento italiano.* 1961. Ristampa aggiornata 1991, 268 pp.

3. DE LUCA, G., *Letteratura di pietà a Venezia dal '300 al 600.* A cura di V. Branca. 1963, XIV-116 pp.

4. BECCARIA, G.L., *Ritmo e melodia nella prosa italiana. Studi e ricerche sulla prosa d'arte.* 1964, VIII-336 pp. Esaurito

5. PUPPO, M., *Croce e D'Annunzio e altri saggi.* 1964, VI-174 pp.

6. FASANI, R., *Il poema sacro.* 1964, VIII-154 pp.

7. ULIVI, F., *Il manierismo del Tasso e altri studi.* 1966, IV-384 pp. Esaurito

8. VINCENTI, L., *Alfieri e lo «Sturm und Drang» e altri saggi di letteratura italiana e tedesca.* 1966, VIII-294 pp.

9. BÀRBERI SQUAROTTI, G., *La forma tragica del «Principe» e altri saggi sul Machiavelli.* 1966, VIII-288 pp. Esaurito

10. ELWERT, W.T., *La poesia lirica italiana del '600.* 1967, VIII-188 pp.

11. BALDI, G., *Giuseppe Rovani e il problema del romanzo nell'Ottocento.* 1967, 238 pp.

12. LONARDI, G., *Classicismo e utopia nella lirica leopardiana.* 1969. Ristampa 1986, VI-152 pp.

13. PUPPO, M., *Studi sul Romanticismo.* 1969, VI-206 pp.

14. CHIAPPELLI, F., *Studi sul linguaggio del Petrarca. Le Canzoni delle Visioni.* 1972, 256 pp.

15. JACOMUZZI, A., *Il Palinsesto della retorica e altri saggi danteschi.* 1972, 184 pp.

16. PARATORE, E., *Studi sui «Promessi Sposi».* 1972, 264 pp.

17. DELCORNO BRANCA, D., *L'Orlando Furioso e il romanzo cavalleresco medievale.* 1973, 112 pp. Esaurito

18. CERRUTI, M., *La ragione felice e altri miti del Settecento.* 1973, 160 pp.

19. JANNACO, C., *Studi alfieriani vecchi e nuovi.* 1974, 264 pp.

20. WLASSICS, T., *Dante narratore. Saggi sullo stile della Commedia.* 1975, 240 pp.

21. PARATORE, E., *Dal Petrarca all'Alfieri. Saggi di letteratura comparata.* 1975, 516 pp.

22. – *Moderni e contemporanei fra letteratura e musica.* 1975, 388 pp.

23. DE RIENZO, G., *Narrativa toscana nell'Ottocento.* 1975, 408 pp.

24. GETTO, G., *La composizione dei «Sepolcri» di Ugo Foscolo.* 1977, 156 pp. Esaurito

25. SCOTT., J., *Dante magnanimo.* 1977, 356 pp.

26. PERUZZI, E., *Studi leopardiani.* I. 1979, 200 pp. con 24 tavv. f.t.

27. RAIMONDI, E., *Poesia come retorica.* 1980. Ristampa 1985, 204 pp.

28. DE MICHELIS, C., *Letterati e lettori nel Settecento veneziano.* 1979, 264 pp.

29. Gorni, G., *Il nodo della lingua e il verbo d'amore. Studi su Dante e altri duecentisti*. 1981, 260 pp.

30. Ceragioli, F., *I canti fiorentini di Giacomo Leopardi*. 1981, 212 pp con 12 tavv. f.t.

31. Martellotti, G., *Dante e Boccaccio e altri scrittori dall'Umanesimo al Romanticismo*. 1983, 504 pp. con 2 tavv. f.t.

32. Sanguineti White, L., *La scena conviviale e la sua funzione nel mondo del Boccaccio*. 1983, 164 pp. con 4 tavv. f.t.

33. Lepschy, A.L., *Narrativa e teatro fra due secoli. Verga, Invernizio, Svevo, Pirandello*. 1984, 250 pp.

34. Gibellini, P., *Logos e Mythos. Studi su Gabriele D'Annunzio*. 1985, 268 pp.

35. Stewart, P., *Retorica e mimica nel «Decameron» e nella commedia del Cinquecento*. 1986, 300 pp.

36. Peruzzi, E., *Studi leopardiani. II*. 1987, 208 pp. con 20 tavv. f.t.

37. Bragantini, R., *Il riso sotto il velame. La novella cinquecentesca tra l'avventura e la norma*. 1987, 248 pp.

38. De Certeau, M., *Il parlar angelico. Figure per una poetica della lingua (secoli XVI e XVII)*. 1988, iv-232 pp.

39. Stewart, P., *Goldoni fra letteratura e teatro*. 1989, 206 pp.

40. Bottoni, L., *Il teatro, il pantomimo e la rivoluzione*. 1990, 350 pp.

41. Lepri, L., *Il funambolo incosciente. Aldo Palazzeschi (1905-1914)*. 1991, 164 pp.

42. Gilbert, C.E., *Poets seeing artist's work. Instances in the Italian Renaissance*. 1991, 294 pp. con 27 tavv. f.t.

43. Petrocchi, G., *Letteratura e musica*. 1991, xviii-174 pp.

44. Stroppa, S., *«Fra notturni sereni». Le azioni sacre del Metastasio*. 1993, 238 pp.

45. D'Andrea, A., *Strutture inquiete. Premesse teoriche e verifiche storico-letterarie*. 1993, vi-202 pp.

46. Prandi, S., *Il «Diletto legno». Aridità e fioritura mistica nella «Commedia»*. 1994, 146 pp.

47. Fornaro, P., *Metamorfosi con Ovidio. Il classico da riscrivere sempre*, 1994, 352 pp.

48. Rigo, P., *Memoria classica e memoria biblica in Dante*. Imminente

49. Violante, C., *«Cortesia» chiericale e borghese nel Duecento*. In preparazione

50. Garzena, C., *«Terra fidelis manet»: 'humilitas' e 'servitium' nel «Cantico» di San Francesco*. In preparazione